1億人のための心のオシャレ人生設計

心理学からのアドバイス

渡辺利夫 著

ナカニシヤ出版

はじめに

二〇〇三年に「心のライフデザイン」を執筆した。この本は、心理学の入門書として、大学一年生を対象に書いた本である。ただ、通常の心理学の入門書と異なり、ライフデザインという視点から、心理学をみたものである。その視点からとらえたのには理由がある。大学に入ったものの、大学の環境に慣れずに、登校拒否になってしまう人、あるいは、精神障害になってしまう人、本来の大学生としての生き方から不本意にずれてしまう人が多いからである。

なぜ、そのようなことになってしまうのか。それは、心の発達についての情報を知らないから、自分を伸ばすにはどうしたらよいのかを知らないからであると考えられる。自分だけ悩んでいると思うと、それだけで不安になってくる。大学時代は、自分探しの時期で、皆悩んでいると思うと、気が楽になる。悩むのが当たり前と知れば不安ではなくなるからである。

テニスがうまくなるためには、テニスがうまくなるにはどうしたらよいのか、その情報を手に入れればよいのである。正しい努力をすれば、皆、それなりのレベルになれるのである。将来どのように生きたらよいのかわからない、人生目標が決まらないと考えている人は、人生目標のヒントになるような情報を手に入れればよいだけのことである。正しい情報を手に入れ、正しい努力をすれば、人生は、それなりに自分の思い通りになるのである。

「一億人のための心のオシャレ人生設計――心理学からのアドバイス」は、子どもから老人までの人生設計を対象にしている。自分の人生を思い通りにするためには、やはり早くから準備する必要がある。一つの分野で一人前になるには、一〇年は必要であると考える。二〇歳で有名になった人は、突然そうなったのではなく、一〇年くらい前からすでに準備してきている。誰もが簡単に医学部には受からない。医学部に受かる人は、小さい頃からずっと勉強してきているのだ。その成果なのである。早くから準備すれば、誰でも思うような人生を歩める可能性があるということである。人生成功のコツは、できるだけ早く人生を設計し、正しい努力をすることにつきると思う。

本書は、人生設計をするための情報をさまざまな角度から考察してゆく。是非とも、早くから人生設計を始め、思い通りの花を咲かせていただきたいと思う。

本書を出版するにあたり、ナカニシヤ出版社長の中西健夫氏と編集長の宍倉由高氏には、出版の機会を与えて頂き、感謝致します。

二〇〇九年　三月

渡辺利夫

目　次◆一億人のための心のオシャレ人生設計――心理学からのアドバイス

1 人生設計を始めよう

一・人生設計とは何か

人生設計とは、自分の人生目標を決め、それを達成するために計画を立てることである。人間は、青年期になると、いろいろと悩み始める。私は、どういう存在なのだろうか。この人は、いろいろとすることを持っているのに、私には何もない。あの人は、将来の夢を持っているのに、私にはそのようなものはない。私には、将来どのような職業が待っているのだろうか。

青年期は、自分を見つめる時期である。そして、これぞ本当の私だという私を発見することが、青年

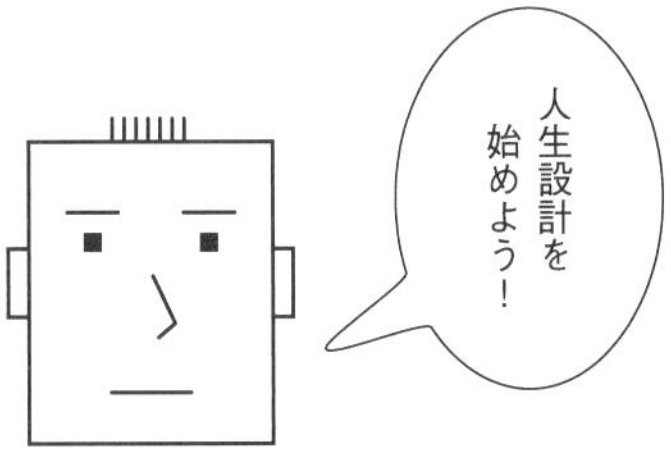

ココロハガチガチ,
カミモウスク

期の課題である。私という自我は、突然できたものではない。生まれたときから、少しずつ準備され、三歳頃の第一反抗期にそれは目覚め、青年期に再び目覚める。自我は、乳児期・幼児期・児童期・青年期・成人期と発達してゆく。

児童期までの自我は、親によって作られた自我であり、それをもとにして、仲間社会である青年期に入ってゆく。そして、同じ年齢の仲間と自分を比べて、いろいろと悩み始めるのである。

悩むということは、悪いことではなく、成長の兆しであると考える。人は悩み、それを解決しながら、成長してゆくのである。

児童期までの自我を「作られた自我」と呼ぶのに対し、青年期以降の自我を「作る自我」と呼ぶ。乳児期には、母親と乳児との間の基本的信頼関係が、子どもの自立を促す。呼べば、あるいは、泣けば必ずママが助けに来てくれるというように母親への信頼感が子どもに自立の勇気を与える。そして、幼児期には、父親が社会のルールを教え、それが子どもの心に、「してよいこと」と、「してはいけないこと」を教えてくれる。そして、児童期には親を人生モデルとして、親からいろいろなことを学ぼうとする（衛星化）

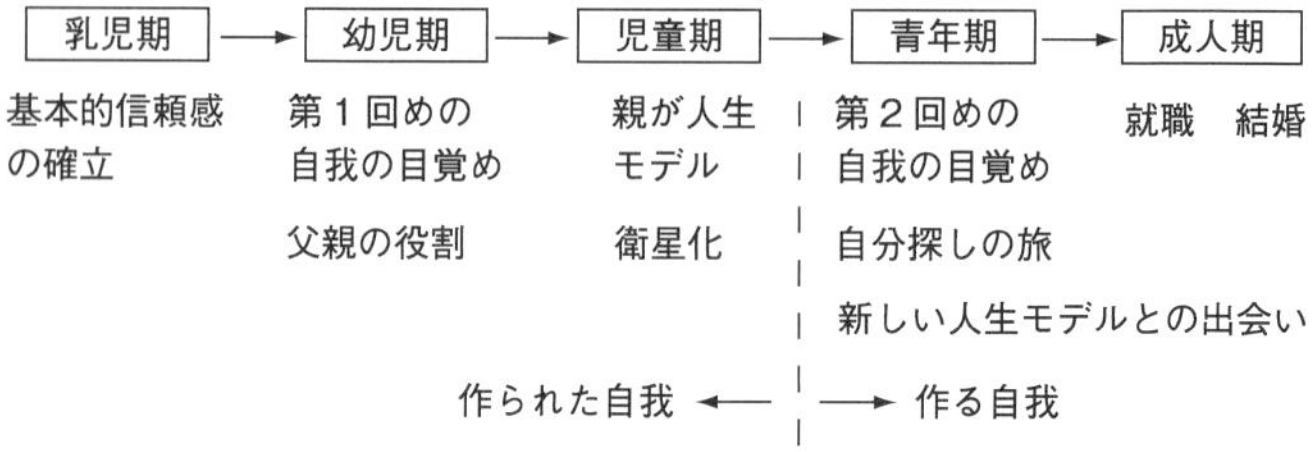

図1-1　自我の発達

のである。そして、児童期の終わりには、無事に仲間社会に旅立てる。

青年期以降は、自分で自分を作ってゆく。まず、これぞ本当の自分という自分を見つける自分探しの旅に出る。そして、新しいいろいろな人生モデルと出会うのである。そして、それが新しい自分を作る手がかりを与えるのである。どのようにして、自分を作ってゆけばよいのだろう。それを教えるのが人生設計である。人生設計は、将来の人生目標を決め、それに到達する道を決め、その道の進み方を教え、その人が最大限自分を生かすことのできる人生を設計することである。人生設計ができると、生きる目標が見え、毎日が充実し、楽しい日々を送ることができるであろう。昨日の私と今日の私に違いが見出せるだろう。去年の私と今年の私に大きな違いを見つけることができるだろう。これからは、自分で自分をプロデュースする。そして、思い通りの花を咲かせる。それが人生設計である。

二．人生モデルを探す

自分で自分の人生をプロデュースするには、どうしたらよいのだろうか。まず、初めに重要なことは、どのような人生にしたいかということである。すばらしい人生を送りたいというとき、どのような人生をすばらしい人生と考えているのか、まず、そこから考えよう。たくさんのお金が入る人生をすばらしい人生と呼ぶのか、いろいろな人と出会える人生をすばらしい人生と呼ぶのか、いつまでも健康でいられる人生をすばらしい人生と呼ぶのか、人によってすばらしい人生は異なるのである。ここでいうすばらしい人生とは、自分で目標を立て、それが達成できた人生をすばらしい人生と呼ぶことにしよう。そうすれば、お金が入ること、あるいは、たくさんの人と出会えること、ずっと健康でいられることを人生目標とし、次は、それを達成するための手段を考えればよいことになる。すなわち、人生目標を達成するためには、人生目標までの経路を探索し、それに沿って歩んでゆけばよいのだ。

まずは、なりたい自分をどのようにして発見するかである。なりたい自分の発見の出発点は、自分の人生モデルを探すことである。そうすれば、自分がどのような自分を目指しているかが見えてくる。自分の理想とする人生モデルに出会えないときはどうすればよいのだろうか。

一人の人をモデルとして、自分の人生モデルが表現できないときは、何人かの人の組み合わせで表現すればよいだろう。人生モデルは、人でなくてもよい。信条や信念でもよい。まずは、いろいろな人・もの・場所との出会いが重要だ。人は出会いを通して、成長する可能性を広げてゆく。例えば、同じ学年のとても優秀な仲間に出会うことによって、世の中にはこんなに優秀な人がいるのだと感激し、自分もそうありたいと願いが出てくるかもしれない。どうすれば、そうなることができるのかに興味がわいてくる。これが重要なのである。また、ある場合は、すばらしい映画に出会うことによって、映画に感激し、自分も映画を作ってみたくなる。これが重要なのである。

誰かが何かを達成できたということは、それを達成する手段が世の中に存在するという証明である。

後は、その手段を手に入れれば、基本的には、誰もが達成できる可能性が出てくる。残るは、目標達成までにかかる時間の問題である。五年で到達できる人もいれば、一〇年かかる人もいる。場合によっては、生きている間に達成できないことも大いにありうる。ただ、目標に全く到達できない人は、基本的には存在しない。人はそれなりに目標に到達するのである。例えば、二〇〇歳まで生きようと思っても今までに二〇〇歳まで生きた人がいないので、経路探索が難しい。しかしながら、一一〇歳まで生きようと思えば、一一〇歳まで生きた人は存在するのであるから、その人の生き方を学べば、長生きのヒントが得られる。そうすることによって、長生きをしようと目標を立てなかったときよりも、長生きできる可能性が高くなってゆく。すなわち、それなりに目標達成していると考えられないであろうか。

三. 経路を探索する

人生目標までの経路は、その目標にすでに誰かが到達していれば、そこには必ず道が存在するということになる。よって、経路探索の第一歩は、そこに到達した人を探すことである。中学校の先生になりたければ、中学校の先生に会い、どのようにして先生になったのかを尋ねればよいのである。そうすれば、その人が、目標までの経路、すなわち、地図を教えてくれる。後は、その地図を見て、自分が目標まで歩けるかどうかを確認し、歩けるようであれば、歩き出せばよいのである。

次に重要なのが、自分のいる現在地点から、目標までどれくらい時間がかかるのかを知ることである。一〇年かかるとすれば、今の年齢に一〇歳足した年齢になったときに目標に到達できることになる。逆に、三〇歳の時に目標達成したいならば、一〇年前の二〇歳から始めればよいであろう。一〇年ではなく、五年で目標達成したければ、五年で目標達成した人を探し、その経路を見つければよいのである。すなわち、人生目標までの経路は、一種類ではなく、達成した人の数だけ存在することになる。いろいろと経路を探索してゆくうちに、自分にあった経路が見つかることになる。

未だ誰も到達したことのない目標を立てたときは、そこまでの経路をまだ誰も知らないわけであるから、その目標にできるだけ近づいた人を探し出せばよい。残りの経路は、自分で開拓してゆくことになる。前者の経路探索を「ルーチン的経路探索」と呼び、後者の経路探索を「創造的経路探索」と呼ぶ。目標に一番近い地点から目標までの経路を自分で作り出さなければならない。目標地点までの経路を作り出すには、それに関連する知識が必要である。その知識を自分の頭の中から取り出すか、あるいは、自分以外の人の知識を借りるか、いずれか、あるいは、両方の方法をとる。情報を集めては、立ち止まり、考え、試してみる。再び、情報を集めては、立ち止まり、考え、試してみる。この繰り返しである。

創造性を生み出すには、大きく二種類の方法がある。一つ目は、試行錯誤による方法である。あれやこれやと思いつく方法をいろいろと試してみるのである。そのうち、時間の経過とともに、解にたどりつくことになる。もう一つの方法は、仮説検証による方法である。目標達成に関し、こうすればうまくゆくという仮説を立て、それを検証してゆく。仮説を立てるためには、仮説検証に必要な最小限の知識が必要で、最小限の知識がないときは、試行錯誤を繰り返せばよい。そのうち、仮説が見えるようになってくる。

経路探索は、山登りに似ている。目標に近づけば近づくほど、経路が険しくなってくる。坂が急になってくるのである。目標に近づくためには、目標の前に立ちはだかる障害物を乗り越えなくてはならない。よって、障害物を乗り越えるための知識や力を準備しておく必要がある。

四．情報を収集する

目標達成に重要なのは、情報である。どうすれば、目標達成できるかについての情報を集めることである。そのためには、目標を達成した人はどのようにして達成したのか、目標達成のために必要な要件は何か、どうすれば、目標達成の要件が手に入るのか、目標達成までにどれくらいの時間がかかるのかなどを調べてゆく。そして、その情報をもとに実行してみることである。

情報には「個人外情報」と「個人内情報」がある。他人が持っている情報は個人外情報である。それに対して個人が持っている情報、あるいは、個人が持っている資質等は、個人内情報である。実際に試すことによって、自分がその目標達成に向いているかどうかがわかってくる。自分に向いていないものを人生目標にするよりは、自分に向いているものを人生目標にする方が、達成しやすいのはいうまでもない。自分に向いているかどうかは、自分で試してみるのが一番よい。

アドラーという心理学者は、「使用の心理学」を提唱する。これは、自分をどのように使うかということである。自分にないものを望むよりも自分が持っているものを最大限使用して、自分を最大限伸ばしてゆく。自分に与えられた資質を最大限使用するのが、「使用の心理学」である。この意味において、自分で試してみることが資質の有無を見定めるのに有効である。今までの自分の人生を振り返ると、自分に得意なものが見えてくる。得意なものの近くに人生目標があると考えるのが、とりあえず妥当であろう。

まず、情報収集には、本や雑誌などの紙媒体に書かれた情報を集める「アナログ情報収集」とインターネットを用いて電子媒体に書かれた情報を集める「デジタル情報収集」がある。アナログ情報収集のためには、本屋や図書館にゆくことが効果的である。よって、いろいろな本が置いてある大きな本屋を何軒知っているのかということはきわめて重要である。それからできるだけたくさんの本を取り揃えている図書館を知っていることも非常に重要である。日本にあるすべての書籍を納めてい

情報収集	① アナログ情報収集 vs デジタル情報収集
	② 言語的情報収集 vs 非言語的情報収集
	③ 意図的情報収集 vs 非意図的情報収集

図1-2 情報収集の分類

る国会図書館も、最新の研究雑誌がおいてある大学図書館も大切なことがわかったであろう。すでに紙媒体で存在する情報はどうすれば手に入るのかがわかったと思う。

インターネットによる情報検索は、非常に効果的である。キーワードを入れるだけで、それに関係するサイトをリストアップしてくれる。ただ、どのようなキーワードを使用するかで、リストアップされるサイトが異なるので、キーワードの設定が重要なポイントである。グーグルやヤフーなどを利用して検索することが多いが、日本だけでなく、アメリカや他の海外のグーグルやヤフーも利用するとさらに効果的である。

デジタル情報収集の問題点は、そのサイトが常に存在するわけではないということ、昨日まで存在していたサイトが今日はもう存在しなくなっているということもありうるということである。すなわち、情報の出所が不安定なのだ。また、個人が自由にサイトに記述できるので、内容の信憑性をチェックしなければならない。それに引き換え、アナログ情報収集は、書籍として存在するので、出所が確実で、しかも第三者がその内容をチェックしていることが利点である。特に、研究論文であれば、査読のプロセスを経ている場合が多いので、内容の信憑性が高い。よって、即効性の高いインターネットで、まずは情報を探し、それが紙媒体としてすでに存在しているときは、その紙媒体になっているものを手に入れることが必要になる。紙媒体になっていなければ、その信憑性を考慮に入れながら情報を集める必要がある。ただ、最新情報というのは、まだ紙媒体になっていない場合が多いことも事実である。

そして、二番目の方法が、「言語的情報収集」と「非言語的情報収集」である。書籍や人から聞いた話によって情報を得るのは、「言語的情報収集」である。しかしながら、情報伝達には、言語以外の方法もある。絵や写真やビデオを通して情報を伝達する場合、実物を見せたり、実際に動作をしてみたりする場合といろいろである。場合によっては、言語的情報収集の方が優れている場合もあれば、言語では伝えられない、あるいは、伝えにくい情報も存在する。そのようなときには、「非言語的情報収集」は重要である。特に、感性を磨くことにとっては、「非言語的情報収集」は重要である。例えば、骨董品の鑑定をする場合、日頃から本物を見ている人と、本物を知らない人では、鑑定能力に違いが生じてくる。感性を磨くためには、本物を見ること、本物にじかに触ることが重要なのである。テニスを習おうと思っても本を読むだけではうまくならない。実際にテニスを始めなくては上達しないのと同様である。身体で覚えることが重要なのである。実際に問題を解いてみるというのも、「非言語的情報収集」の一つである。実際に解いてみることが、解決に必要な新しい情報を教えてくれるからである。

三番目の情報収集が「意図的情報収集」と「非意図的情報収集」である。目的を持って情報収集を始めると、目的に沿った情報に焦点を絞り込むために、それ以外の情報は、捨てられてしまうのが通常である。例えば、新しい車を開発しようと思うと、車の情報がある場所で集中的に車情報を探すことになる。この方法をとれば、関連する多くの情報が効果的たくさん集まる。しかし、それは世の中にすでに存在する情報であって、開発のときには、世の中にまだ存在しない情報を探さなくてはならない。そのような情報は、非意図的に見つかることが多い。例えば、車情報を探そうと、図書館に行く途中で、たまたまカブトムシに出会い、カブトムシの形をした車を作ったらどうかと発案する。新しいアイデアは、ある日、あるとき、偶然に出会うことが多いのである。これが、「非意図的情報収集」である。自分が意図しないところの情報が、重要なことがあるのである。

「非意図的情報収集」は、夢を見ているときの場合も含まれる。昔から、夢を介していろいろな発想を得た人が多い。例えば、化学者のケクレは、有機化合物の化学式をコンパクトに書く方法を考えていたとき、夢の中で蛇が自分の尻尾をくわえているのを見て、ベンゼン環を発明したのである。夢は、本人が気づかない、問題解決の別のルートを教えてくれる可能性に満ちている。

一つの人生目標を達成するには、それなりに必要な要件が存在する。例えば、外交官になろうと思えば、語学ができなくてはいけないだろう。では、語学ができない人はどうしたらよいのか。語学を勉強すればよいのである。そのときに重要なことは、独学をせずに、その道の先生から、正しい方法で学ぶことが大切である。それなりの基礎ができて、一人歩きができるようになれば、独学でそれ以降は学ぶことも可能であろうが、ゼロからの独学は、基本的には危険だからである。教えを受けて上達してゆくのが、結局は最短距離である。正しい努力をすれば、人の能力は基本的には伸びてゆく。しかしながら、正しい努力をしないと、いくら頑張っても能力が伸びないことが多いのである。

自分には才能がないとあきらめてしまう人のほとんどは、この正しい努力がなされていない可能性が高い。自分に足りないものは、どこかで学べばよいのである。世の中には、いろいろな学校がある。正規の学校から、カルチャースクールや個人教授といろいろである。しっかりした人が教える限りは、どこでも能力を伸ばせると考えられる。後は、教わる人数の問題である。生徒数が多いと先生の眼も届きにくい。逆に、生徒数が少ないときは、先生に問題があったりする場合もある。ベストの環境は、よい先生に少ない生徒数の中で学ぶことであろう。このような機会があれば、ぜひ飛び込んでみるのがよいのではないか。

2 徹底した準備をする

一・メモ帳を携帯する

なりたい自分が決まったら、後は、目標に向かって進むだけである。人生設計で重要なことは、一度決めた人生設計は絶対に変えないということではなく、もう少し柔軟性をもって、よりよい人生設計ができたら、そちらの道を選んでもよいし、また、元の人生設計に戻ってもよいし、気軽に考えることである。人生設計がうまくいかないと悩んでうつ病になっても意味がないからである。目標地点までの道のりには、いろいろな障害物が待っているので、障害物を乗り越える準備を早くからしておくのがよい

カミガキニナリ,
ボウシヲカブリ

だろう。英語が必要であることがわかっていれば、英語から逃げずに早い段階から少しずつ準備をしておくことが必要である。「備えあれば、憂いなし」である。

苦しい人生設計より楽しい人生設計を考えた方が人生は楽しい。重要なことは、楽な道を選ぶのではなく、自分を成長させる道を選ぶことである。「青年よ、狭き門より入れ」だ。正しい努力をしている限り、そのうち、実力がついてくる。「練習は、不可能を可能にする」。常日頃から、持続的に楽しく上達してゆけばよいであろう。苦しくなると、いやになるもので、楽しいと続けたくなるものだ。楽しくなるように続けてゆけばよいのである。長い道のりであるから、急ぐことより、着実に進む道を選ぶべきであろう。

徹底した準備のためには、いつも心にアンテナを立てて、重要な情報に出会ったら、それをメモするようにしよう。重要な情報は、いつやってくるかわからない。それは電車に乗っているときにやってくるかもしれないし、寝ているときに夢の中でやってくるかもしれない。いつやってきてもそれをメモできるよう日頃から準備をすることが重要である。筆記具とメモ帳を常に持ち歩き、日頃からメモをとっていると、メモをとる練習になり、メモをとるのがだんだん上手になってゆく。

準備すべきものは、知識だけではない。身体も健康に保たなければならないし、心も健康でなければならない。心も身体も病気になっては、人生目標にたどりつけなくなってしまう。

二．身体と心の健康を管理する

人生目標を達成するには、身体が健康でなくてはならない。身体を健康に保つには、病気をしないように心がけること、そして、体力を身につけることである。病気をしないようにするには、日頃から、十分な栄養を摂ること、十分な休息をとることである。風邪は、大敵である。疲れていると、風邪を引きやすい。疲れたら、休む、そして、元気になったら始めることが原則である。身体が疲れたまま、仕事や勉強を続けると、そのうち、疲れがたまり、病気になる。病気になってしまうと、何もできなくなり、仕事の効率が悪くなる。疲れがたまる前に、休息をとり、元気な身体を維持することが重要である。

スポーツをすることは、健康な身体づくりには大切だ。水泳でもよいし、テニスでもよいし、自分にあったスポーツを通して、身体の健康づくりを始めてみよう。自分は運動神経がよくないからスポーツは苦手と思っている人がいるかもしれない。しかし、正しい指導のもとでスポーツを習えば、それなりに上達してゆくものである。レクリエーションレベルのスポーツは誰にでもできることだと思う。スポーツインストラクターの指導のもとでのスポーツの参加をぜひ勧めたい。そうすれば、全く新しい世界が自分の前に広がってゆくことに気づくだろう。

身体の健康とともに、心の健康を保つことも重要である。現代は、ストレス社会である。ストレスがもとで、うつ病になる人も増えている。ストレスへの対処は、非常に重要である。ストレスには、「身体的ストレス」と「心理的ストレス」がある。「身体的ストレス」によって引き起こされる代表的な病気として、胃潰瘍や、十二指腸潰瘍、心筋梗塞などがあげられる。身体的ストレスでは、非可逆性の生理的損傷が起こる。ストレスによって、がんにもなりやすくなる。「心理的ストレス」では、意欲の減退、自尊心の欠如などが起こってくる。

ストレスは、ラザルスが述べるように、認知的なものである。同じ刺激でもストレスと感じなければストレスにならない。ストレスと認知すると、ストレスになってしまうのである。ストレスのもとになる刺激を「ストレッサー」と呼ぶが、ストレッサーには、急性型と慢性型が存在する。急性型は、ある日、突然起こるもので、地震や火事などの災害、親しい人の突然の死などがあげられる。慢性型は、日頃から生じているもので、近くにいるいやな人やものの存在、例えば、近隣とのトラブル、隣のピアノの音、対人関係などがあげられる。ストレスは、累積的であるので、ストレスが小さくて、とるに足らないものでも、長期的に受けていると、いつか大きなストレスとなってゆく。

ストレスへの対処は、まず、ストレスとなるものをストレスと感じないこと、認知しないことが重要である。自分がいやな刺激であると認知すると、ストレスになるので、いやな刺激であっても、自分を成長させる刺激、自分のためになる刺激であると認知できると、ストレスを感じなくなる。自分にとっていやな人は、自分の欠点をついてくるものである。心やさしい人は、欠点を指摘するようなことはない。よって、いやな人の存在は、自分の欠点を教えてくれる存在だと思えば、それは自分にとってよき情報となる。その人の指摘することを直すことによって、成長できるからである。いやな人は成長の手がかりを与えてくれると思えばよいのである。まずは、この方法をとるのがよいだろう。

自分に身体的な危害を加えるようなストレッサーがあるときは、それを除去せざるをえない。自分がその場所からいなくなるか、相手がその場所からいなくなるか、相手が危害を加えなくなるかのいずれかである。例えば、地震というストレッサーがあり、それが再び来ることがわかっている場合、地震から自分の身を守る完全な方法がない限り、その場所から避難せざるをえない。地震の場合は、地震が生じないようにする方法はないので、自分の方から去らざるをえない。しかしながら、危害を加えるものが人の場合、その人が危害を加えないようにすることは可能である。その人が危害を加える原因を探してゆくことが解決の糸口となる。危害を加える人が一方的に悪いときは、その人に去ってもらうという選択肢も可能となる。

重要なことは、ストレスが起こらないように、予防をすることであろう。対人ストレスであれば、日頃から自分がストレスの原因にならないように振る舞うことによって、ストレスが自分に降りかかってくる可能性を小さくしてゆく。自分が常日頃からストレスのもとにならないように意識していても、ストレスが起こることもある。そのようなことも考慮に入れると、ストレスが起きたときにどのように対処するかについての事前知識も常日頃から準備しておけばよいのである。

自分の趣味を持つこともストレス対処には重要である。自分の心の部屋が一つしかないと、仕事で行き詰まったとき、心を休める部屋がない状態になる。しかしながら、心に趣味の部屋を持っていると、趣味の部屋に入ることで、仕事の行き詰まりから解放される。心もワンルームから3DK、3LDKといろいろな部屋を準備しておくとよい。

三　時間を管理する

自分の人生目標に向けて邁進するにあたり、効率的に進んでゆくことは重要である。そのためには、時間をどのように使うかが重要な鍵となる。電車を待っているときに、一〇分の空き時間ができたとしよう。そのとき、あなたはこの一〇分をどのように使うだろうか。ただ、何もせずに、一〇分経つのを待つだろうか。それとも、一〇分の間、本を読むだろうか。空きの一〇分、空きの五分の使い方を前もっていくつか考えておき、そのときにあった方法を行えばよいだろう。

ただ、何もせずにボーッと一〇分を過ごすことも意味のあることである。このボーッと過ごす瞬間に思いもよらぬいいアイデアが思いつくこともしばしばあるからである。強迫的に朝から晩まで頑張る必要もない。その人なりの効果的な時間の管理の仕方を考えてみればよいであろう。忙しいときの空きの一〇分の使い方、暇なときの空きの一〇分の使い方は異なるのであるから、そのときに合わせて最もよいものを選べばよいのである。基本は、苦しみを生み出す人生設計ではなく、楽しみを生み出す人生設計が重要なのだから。

人生設計にとって重要なことは、人生目標までの地図をとりあえず作成してみることである。五年後までには、どこまで進んでゆく必要があるのか、何をしておく必要があるのか。一〇年後までには、どこまで進んでいるべきか、何をしておくべきか。今年一年の間にどこまで進んでおくべきか、何をしておくべきか。こういうことが前もってわかっていると、あとで後悔することが少なくなってくる。人生設計では、一分、五分、一〇分から、五年、一〇年、死ぬまでの時間の使い方をとりあえず考えておくのである。最初は、思うように実行できなくても、そのような計画を立てていると、そのうち、自分に最も合った方法で、実行されてゆくであろう。

四. デュアル思考を身につける

人生目標に到達できなかったとき、人生目標を変えざるをえないときがくるかもしれない。そのときに重要なのが、別の人生設計も準備しておくことである。もしものときのためにもう一つの目標を準備しておくのである。そうすると、いざというときに役立つ。専門分野も二つ持っていると、一つの分野がうまくいかなくなってももう一つの分野で頑張れる。また、分野を二つ持っていることで、専門性も広がり、深みも出てくる。例えば、本当は、歌手になりたいのだけれど、歌手では生計が立てられないという場合、生計が立てられる職業を持ちながら、歌手を第二の職業、あるいは、趣味として持っていることで、いつか歌手になるという可能性を残しておくのである。歌手として生計が立てられないのは、歌手として生きてゆくための重要な要素が足りない可能性がある。その要素が満たされれば、歌手として生きてゆけるので、その要素を時間をかけて満たしてゆけばよいのである。そういう意味で、一つではなく、二つのものを常日頃から自分のそばにおいておくと、自分の可能性が広がってゆく。「二兎を追うものは一兎をも得ず」ということわざもあるが、二兎得る方法も探せばあるものである。準備が何よりも勝るのである。専門も二つ、職業も二つ、趣味も二つ、家も二つ、いろいろなものを二つ取り揃えておくと人生の広がりができてくる。

問題は、二つの選択物はどのようなものがよいのだろうかということである。互いに似通ったものがよいのか、あるいは、互いに補い合うものがよいのか、全く関係のないものがよいのか、選択に悩むところである。自分のしたいことを選べばよいのである。互いに異なっているものでも、不思議とそのうちつながってくるものである。三兎を追ってもよいのである。自分でそれが可能と思えば、試してみればよいのである。そして、うまくいかなければ、二兎、あるいは、一兎に減らせばよいだけのことである。

同時に二つのことを学ぶことが、一つ一つ学ぶよりも効果的な場合もある。例えば、唄を学ぶのに、ピアノも一緒に学べば、歌唱力アップにつながる。テニスを学ぶのに、水泳も学べば、持久力アップにつながる。

二つのことが互いに相乗効果を与え、一つ一つのことを学ぶより促進的に働く場合もあれば、二つのことが互いに相殺効果を与え、抑制的に働く場合もある。どのような二つのものも相乗的要素と相殺的要素を含んでいるであろう。相乗的になるように学べばよいのである。

3 出会いの重要性に気づく

一・人との出会い

人生目標に到達するためには、対人関係も重要である。一人ですべてのことを達成しようとしてもなかなか難しい。どうしても人の力に頼らざるをえない。基本的には人のおかげで今の自分ができあがったと思えばよい。親のおかげでひとり立ちができ、他人のおかげで職業にありつけたと思って間違いないであろう。世の中、人がチャンスを運んでくれるのであるから、チャンスを運んでくれる人がそばにいないと、可能性が狭くなってしまう。人は、自分が持っていないものを持ってくる。人と一緒にこと

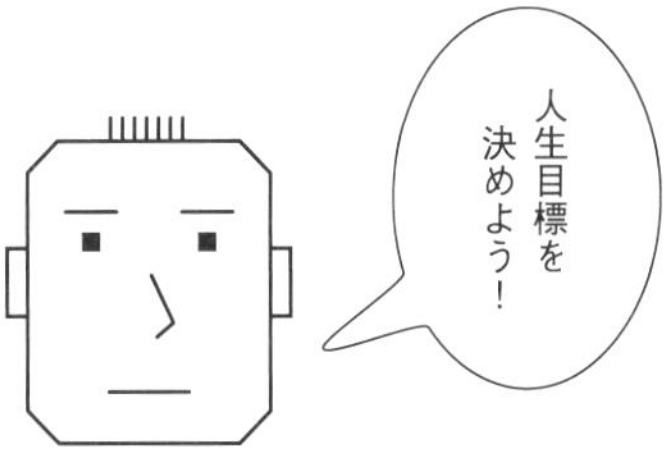

イツノマニカ,
カドガトレ

をなすことによって、より大きなことをなせる可能性が出てくる。いろいろな人材がそばにいるのがよい。生きていると、人はいろいろな時・場所で新しい人に出会う。そして、その出会いが新しい可能性を運んでくる。出会いを大切にすることが重要である。ただ重要なことは、他人は自分のためにだけあるのではなく、自分も他人のためにあるということに気づくことであろう。自分が他人にチャンスを与えるから、他人が自分にチャンスを運んできてくれると思えばよいであろう。人は、宝である。人を大切にすることが何よりも大切なのである。

趣味を習うにも先生が必要である。スポーツをするにも先生が必要である。専門性を高めるにも先生が必要である。自分の能力は、人のおかげで作られたといっても過言ではないであろう。

対人関係で重要なことは、他人との距離の持ち方である。相手が自分にとってどういう人であるかによって、距離のとり方が異なる。また、同性か異性かによっても距離のとり方が異なる。距離のとり方が交流を深めてゆくポイントになろう。

バーンは、交流分析の中で、交流を「表面的交流」と「裏面的交流」に分類している。「表面的交流」は、表面的に相手に伝える交流であるのに対し、「裏面的交流」は、その人の本心を伝える交流である。「表面的交流」は、顕在的で、相手に直接伝わるが、「裏面的交流」は、潜在的で、相手には直接に伝わらない。本人が隠している本心である。そして、各交流は、「相補的交流」と「交差的交流」に分類される。「相補的交流」は、交流がずっと続いてゆく交流で、「交差的交流」は、交流が終わってしまう交流である。

バーンは、心を親の心（P）、大人の心（A）、子どもの心（C）に分類し、二人が交流しているとき、互いの心のどの部分が交流しているかを分析してゆく。例えば、Xさんの親の心（P）がYさんの子どもの心（C）に話かけているとき、Yさんが子どもの心（C）から、Xさんの親の心（P）に返答する場合は、交流が続いてゆくが、Xさんの親の心以外の箇所と交流をしようとすると、交流が交差し、交流は終わってしまう。例えば、Yさんが困っているときに、Xさんが手伝ってあげようと声をかけたとき、相手に助けてもらおうという気持ちで答えるのが相補的交流で、「自分でできるから大丈夫です」と答えるように、自分の子どもの心（C）から相手の親の心（P）へ返答しない交流が、「交差的交流」である。この場合は、Yさんの大人の心（A）からXさんの大人の心（A）へ返答している。

親の心（P）は、さらに、父性（CP）と母性（NP）に分類され、父性（CP）は、厳格さ、批判的要素を持ち、母性（NP）は、保護的要素を持つ。大人の心（A）とは、感情を入れない、合理的な判断を要素とする交流で、そこに存在するのは、他人の気持ちを考えるよりも正解を出そうとする気持ちである。そして、子どもの心（C）は、自由な子どもの心（FC）と

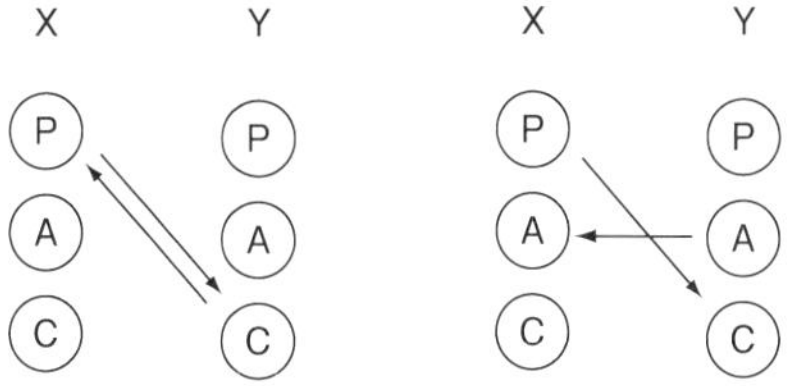

図 3-1　交流パターン

順応した子どもの心（ＡＣ）に分類される。自由な子どもの心（ＦＣ）は、自分の気持ちをそのまま表現しようとする子どもの心で、天真爛漫さ、素直さ、創造性を特徴とする。それに対して、順応した子どもの心（ＡＣ）は、自分の気持ちより、相手に合わせる気持ちが強く、服従、依存、自分がないことを特徴とする。

また、バーンは、交流の深さを「時間の構造化」という視点から、引きこもり・儀式・活動・気晴らし・ゲーム・親交に分類している。「引きこもり」では、他人との交流を避け、「儀式」では、他人とは天気の話などの儀式的な交流で終わってしまう。「活動」とは、仕事や勉強やサークルの中では話をするが、それ以外のときには特に交流しない場合で、「活動」が交流の場所で、それ以外は交流をしない場合である。「気晴らし」は、時間が空いているときに、空いている時間を埋めるための交流で、時間がきてしまうと終わってしまう一時的な交流である。そして、「ゲーム」は、「裏面的交差的交流」で、自分の心の存在感を歪められた形で満たそうとする交流であり、非生産的な交流である。

これに対して、「親交」は、最も深い、本来の交流で、生産的交流である。他人との交流においては、この「親交」のレベルの交流ができる人がいれば、それはよい出会いを意味する。逆に、ゲーム的交流に陥っているときは、悪い出会いを意味し、できるだけ早く、その交流をやめることが必要である。「儀式」という交流が悪い交流というわけではない。それは、交流の初めの段階であって、それがもとになって、「活動」や「気晴らし」へと発展し、そして、「親交」へとつながる可能性も秘めているからである。

まずは、挨拶から始まるのである。相手によっては、挨拶のレベルで終わってしまう人もいるかもしれない。また、「気晴らし」や「活動」のレベルで終わってしまう人もいるかもしれない。すべての人と「親交」のレベルにまで達する必要もない。「親交」のレベルに達するのは、親友・家族・夫婦・師弟関係のような関係である。深い交流の人が多すぎると、交流の時間が多すぎて、自分だけの時間がなくなってしまう。自分だけのプライベートの時間も重要である。

二．異性との出会い

結婚というのは、人生における一大イベントである。最近は、結婚しない人、結婚しても離婚をする人が増えている。結婚はしなくてはいけないのだろうか。結婚するかしないかは、本人の問題である。結婚したいと思った人がでてきたら、結婚すればよいのかもしれない。ただ、結婚は時期を逸してしまうとなかなか難しい。結婚適齢期に結婚するのが、一番結婚しやすい。突然結婚しようと思っても相手がいないと結婚できないので、二、三年あるいは、五、六年前から結婚相手を選んでゆくのがよいかもしれない。

自分が望むすべての条件を満たす異性はいないと思った方がよいであろう。いたとしてもそれは誰もが望んでいる相手なので、相手に結婚を承諾してもらうのが難しい。ただし、不可能というわけではないので、もしもそのような人に出会ったら、まずは、可能性を試すことは重要であろう。通常は、互いに長所と短所を持っているので、どこで妥協するかが重要なポイントである。相手の容姿・性格・年収・価値観・家柄のどれを重視するかである。相手にそれが足りないとき、我慢できない要素があるときは、相手を見送らざるをえないだろう。我慢できないのであるから。我慢できると思えば、その人は、結婚相手の候補となりうる。候補者の中で、自分が最も納得のいく人から決めてゆくしかない。

結婚が長続きする要因は、価値観の一致である。長続きしない要因は、容姿である。容姿がすばらしくても性格が合わないと、すれ違いの日々が待っている。価値観が違っても同様である。お金は、なければないなりに生活できるものである。家柄も日々の生活にはそれほど影響を与えない。このように考えてみると、性格や価値観で結婚相手を選ぶのが無難に思える。たとえお金がなくなっても一緒に生きていける人、そのような人がよいのであろう。「金の切れ目が縁の切れ目」、こうなってしまうと一番大変である。

結婚をするためには、異性との交際が必要である。交際がうまくないと、結婚へは続かないことが多い。異性とどのように交際したらよいのか。異性との交際が上手な人もいれば、下手な人もいる。異性との交際もある日突然うまくなるのではなく、常日頃の経験の成果である。今まで全く異性と交際したことのない人は、困難を感じるかもしれない。

しかし、基本的には恋愛も練習が重要であるので、いろいろな異性とコミュニケーションをとることによって、異性がどのような考え方、ライフスタイルを持っているかを知ればよいだろう。異性とのコミュニケーションは、小さい頃からすでに始まっているのである。最初が異性の親との出会い、そして、次が近所の異性との出会い、そして、幼稚園や小学校での異性との出会い、このような出会いを通して、小学生は、小学生としての異性とのコミュニケーションの仕方を学んでいるのである。その成果が、思春期や結婚適齢期に現れてくるということであろう。

かつて、異性との交際の方法を調査したことがある。そこには、一定の手順があるように思えた。それを「恋人スクリプト」と呼ぶことにしよう。レストランで食事をするときには、食事の仕方があるように、異性との付き合い方にも手順があるのである。まずは、①グループ交際で始める。そして、②二人だけで話す機会を見つける。③相手に特定の異性がいないことを確認する。④自分を受け入れてくれることを確認したあと、⑤告白をする。次に、⑥二人だけの世界を作る。⑦友達に紹介する。⑧家族に紹介する。⑨結婚する。という手順をたどるようである。異性との交際に慣れていない人は、これを参考にすればよいであろう。慣れている人は、どこからでもすぐに入れるであろう。

友達関係にはなっても恋人にはなれないケース、恋人になっても結婚へはつながらないケースも存在する。これは、基本的にはその要素を満たしていない可能性がある。友達ではあるが恋人になれないのは、恋人としての要素を相手が満たしていないのである。恋人であっても結婚できないのは結婚の要素を満たしていないと考えてよさそうだ。

次の段階へゆくためには、これらの要素を満たす必要がある。条件が無理難題であれば、あきらめるか、相手にその条件を変えてもらうかのいずれかである。相手にとってその条件はどれくらい重要であるかに依存する。押しの一手という言葉があるが、相手が迷っているときは効果があるかもしれないが、相手に全くその気がないときは、大変迷惑な話である。ストーカーと呼ばれる可能性もあるので、注意する必要がある。基本的には、お互いが結婚を意識していれば、それなりのサインを出すことになるであろうから、サインをもとに次のステップを考えればよいであろう。同様に、次の段階へはいかないというサインも出るであろうから、それにも気づくことも重要である。

友達関係は一生友達関係ということもありうる。それは仕方がないことである。友達関係なのだから。また、上にあげた結婚の要素は、日々の経過とともに変わってゆくものである。容姿も年齢とともに変わってゆくし、価値観も年齢とともに変わってゆく。相手の気持ちも日々の経過とともに変わってゆく可能性がある。どちらかが死ぬまで相手の気持ちが変わってゆくのを待つのも一つの人生かもしれない。他の人と結婚するよりもそちらの方が幸せであれば、そちらを選択すればよいのである。

異性との交際も基本的準備が必要である。ただ何気なく会っても交際は続かないかもしれない。お互いの気持ちが深まるような交際でなければ、次のステップへは進んでゆかないだろう。そのためには、相手がどのような人かについての情報を知らなければならない。例えば、趣味は何なのか、どのような食べ物が好きなのかといったありふれた内容から相手の価値観まで少しずつ知っていく必要がある。相手に直接尋ねるというよりも相手の方が積極的に話してくれるような交際がよいと思われる。そして、それを考慮に入れた交際をしなければ、交際は続かないであろう。ドライブが嫌いな人を毎回ドライブに誘うのも大変なことである。相手が好きなことを選ぶ方が効果的である。そして、相手が楽しいと思う日々の提供が交際を深めてゆくのである。このようなことを通して、相手が自分と合っているのかをいつか決断することになるのである。相手が自分のことをあまり話さないということは、話したくないというメッセージでもあるので、そういうことも念頭に入れておく必要がある。

白分の結婚相手は、同じ時期にどこかで生活をしているのである。すぐ近くに住んでいるかもしれないし、外国に住んでいるかもしれない。遠く離れていてもいつか出会う日がやってくる。そんな日を心待ちに待つのも楽しいというものかもしれない。

一度結婚したら添い遂げなければいけないかというと、最近の結婚事情はそうでもなさそうである。離婚が大変増えている。成田離婚から始まり、熟年離婚までいろいろである。離婚するくらいなら、結婚しなければよいと思うかもしれないが、最初からそれはわからないので仕方がない。離婚することはいけないことなのか、反道徳的なことなのかというと、そういうわけでもない。不幸せな人生を続けるよりは、幸せな人生を新しく歩んだ方がよいかもしれない。結婚すると、子どもがいる場合が多いので、当事者だけでなく、子どもの気持ちも考える必要が出てくる。自分の本当に求めていた相手と結婚後に出会ったときは、どうすべきであろうか。誰もが悩むものである。今の結婚が本物の結婚であれば、迷うことはないだろうが、そのときの出会いが本物の出会いであると、きっと心ひかれてしまうのであろう。真の出会いとは、そういうものなのであろう。

三、師との出会い

自分が今までいろいろな経験をしてきているように、他人も今までにいろいろな経験をしてきている。他人の経験を自分の中に取り入れることは、人生目標達成に有意義である。世の中には、いろいろな師が存在する。専門家から始まり、料理の達人、人生の達人といろいろである。人生を楽しくするのは、これらの師との出会いを大切にすることである。これらの師が人生の悩みを解決してくれるかもしれない。人生の悩みを解決してくれるのは、カウンセラーだけではないのである。名人は突然生まれるのではなく、日頃の努力・準備が名人を作ってゆくのである。つりの達人も意味なく釣り糸をたらしているのではなく、魚のいそうなところに、魚の好むえさをつけて釣り糸をたらしているのである。そのためには、魚のいる場所、魚の好むえさについて知らなければならない。これが準備である。相手についての徹底的な情報収集が成功へと導くのである。

人生設計に大きな影響を与えるのは、人とともにものが関係する。バルセロナに旅行に行き、ガウディの建築物を見て、建築学にあこがれる人もいれば、胡弓の音色に魅せられ、胡弓を始める人もいるであろう。本物との出会いがその人の人生を変えてゆく。何かを始めるには、感激するということが重要である。師との出会いは、偶然に始まることが多いようだ。

野球の王監督は、中学生の頃は、右打ちだったそうだが、ある日、放課後、学校のグランドで野球をしていると、たまたまその近くを散歩に来た人が、王選手をみて興味を抱いた。その人は、プロ野球のバッティングコーチで、王選手は、右打ちより左打ちが適していると指摘し、後に、王選手は、その人の下でバッティングの訓練を受け、一本足打法を生み出してゆくのである。また、相撲の水戸泉は、学校の帰りに偶然立ち寄ったデパートで、高見山のサイン会に出くわし、高見山に声をかけられ、相撲の世界に入ってゆくのである。ある人の言葉に「弟子に準備ができたころ、師匠が現れる」という言葉があるが、自分にそれなりの準備ができてきて、初めて師匠が誰であるべきかがわかってくるのであろう。将来の自分の師匠は、どこにいるかわからない。近くにいるかもしれないし、外国のはるか遠くにいるかもしれない。そんな師匠と弟子があるとき、どこかで偶然に出会うのである。そして、師弟関係が始まるのである。

四．職業との出会い

自分は一体どのような職業に向いているのだろうか。なかなかわからないものである。わからない限り、自分に向いているかどうか、試してみるより他に手段がない。試してやっていけそうであれば、向いている職業の一つと考えられよう。試してみて、自分には向いていそうでないと思えば、職業の候補からはずしてゆく。このような意味で、いろいろな仕事を経験してみることが職業選択には重要である。職業適性テストを受けるのもよいかもしれない。それなりの参考資料を与えてくれるだろう。

一つの職業を得るためには、その必要な要件を満たさなければならない。例えば、心理学の専門家に将来なりたいと思ったとき、どのようにすればよいのか。まずは、本で調べることである。すると、心理学といってもいろいろな心理学があることに気づく。多くの人は、臨床心理学のように心に悩みを持っている人をカウンセリングを通して治してゆくような内容のことを学ぶ学問と思いがちであるが、臨床心理学は、心理学という専門分野の一領域にすぎない。そうすると、心理学の中でもどのような分野に自分は興味を持っているのかを決めなくてはならない。例えば、将来、認知心理学を勉強して、大学教授になりたいと考えたとしよう。その場合、認知心理学は、どこの大学の心理学科へ行けば学べるのかを調べる必要がある。あるいは、どのような教授がいるのかを調べる必要がある。このようなことは、本屋へ行き、何冊かの認知心理学の本を買えばわかってくる。大学教授になるための早道は、大学院博士課程を修了して、心理学の博士の学位を獲得することである。そのためには、自分が行こうとする大学には、大学院博士課程があり、そこで、認知心理学を専門としている先生がいることが不可欠となる。よって、大学選びは、大学院のことまで考えて選ぶことが重要であることがわかってくる。博士の学位は、博士課程を修了すればよいというものではない。博士の学位を得るための論文を書く必要がある。そして、さらに学位取得のためには、自分の論文が心理学関係の研究雑誌に二、三本掲載されていなくてはならない。研究雑誌への論文掲載は、ただ提出すればよいというものではなく、その分野の専門の人が掲載許可を出さなければならない。通常は、学部の卒業論文一本、大学院修士課程のときの論文が一本、博士課程での論文が一本で、計三本となるケースが多いのではないだろうか。

主婦になるというのも職業を得ることと同じである。主婦になるということは、家庭を築き、子どもを育てることである。毎日の掃除、洗濯、食事の準備、子育てと仕事はたくさんある。よい主婦とは、家庭の中に問題を起こさない主婦である。家庭の中で変化が生じたとき、誰よりも早く気づくのは、主婦である。子どもが悩んでいるのに一番早く気づくのは主婦である。早い段階で気づき、悩みが大きくならないうちに解決してゆくのである。主婦は、いわば、各家庭のカウンセラーである。

4 心の病を知る

一・外傷や薬が作る心の病

外傷や薬が作る心の病を「外因性精神障害」と呼ぶ。「外因性精神障害」には、脳に腫瘍のような外傷ができて精神障害になる場合、覚醒剤のような薬物の服用によって精神障害になる場合がある。

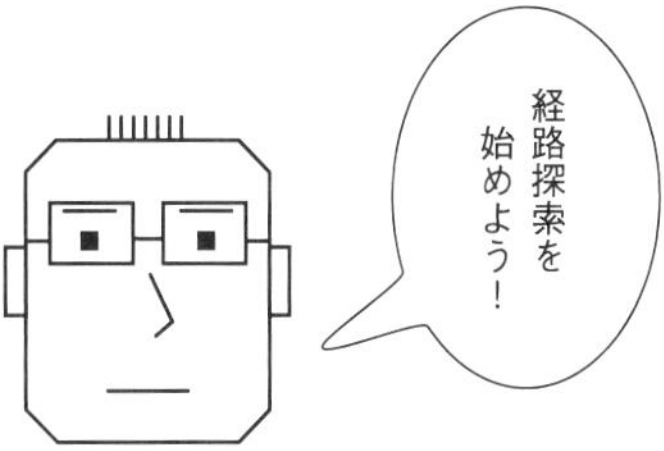

メガネヲカケテ,
キドッテミタ

二．体質が作る心の病

体質が作る心の病を「内因性精神障害」と呼ぶ。「内因性精神障害」は、その原因が体質や遺伝に由来するもので、統合失調症、気分障害、てんかんがこれに属する。青年期は、心が不安定になる時期であり、これらの精神障害も生じやすい。統合失調症であれば、初期症状では、幻覚や妄想などの症状が生じ、慢性的になると、作為体験や自我漏洩などの症状が起こり、最終的には人格崩壊へとつながってゆく。最近では、初期症状の段階であれば、薬によって治る可能性が高いようである。

気分障害の場合は、両極型と単極型がある。両極型は、そう状態とうつ状態が周期的に生じる場合で、単極型は、そう状態、あるいは、うつ状態が生じる場合をいう。そう状態の特徴は、感情的に高揚し、何事にも前向きになるが、他人を省みない非社会性に問題が出てくる。例えば、平気で夜中に他人の家を訪問したりする。うつ状態は、これとは反対に極度にふさぎ込んでしまった状態で、何事にもやる気が出ず、意気消沈してしまう。最悪の場合は、自殺をする場合も生じる。気分障害の場合も有効な薬が開発されており、薬によって治る可能性が高い。

精神障害
- 外因性精神障害（外傷・薬物）
- 内因性精神障害（統合失調症・気分障害・てんかん）
- 心因性精神障害（神経症・心身症・行為障害）

図 4-1　精神障害の分類

てんかんは、てんかん発作を症状とする精神障害である。

これらは、身体的な要因が関わる精神障害であるので、薬の治療を必要とする。

三．環境が作る心の病

環境が作る心の病を「心因性精神障害」と呼ぶ。「心因性精神障害」には、心の悩みを心で体験する神経症、心の悩みが身体に現れる心身症、心の悩みが行動に現れる行為障害がある。神経症の中でも、特に、パニック障害は多いように思われる。パニック障害は、ある日、突然不安発作が起こることから始まる。そして、最終的には、すべてのことが不安になり、外出もできなくなってしまう。これは、不安神経症とか、心臓神経症と言われたこともあり、ある日、心臓に異変が生じたりする。心臓に異変が生じたので、医者に行ってみると、医者は特に心臓に問題はないという。本人には、自覚症状があるので、他の医者や専門医にもかかりに行く。しかし、どの医者も心臓に問題はないという。そして、最終的には心の問題ではないかということにたどりついてゆくのである。

なぜ、不安発作が生じるかについては、まだわかっていない。また、強迫神経症という神経症がある。強迫的に何かをしなくてはいけないという考えが頭に浮かんできて、それから逃げられないのである。家を出るとき、家の鍵をかけたかどうかが気になり、何度も家にもどり、鍵がかかっていることを確認したり、ガスの元栓を締めたかどうかを何度も確認したりする。こういう行動を強迫行動と呼ぶ。

心身症としては、拒食症や過食症が挙げられる。特に、若い女性のダイエットがこの拒食症に関わる。ある日、自分が太っていることが気になり、ダイエットを始める。ダイエットを始めると、そのうちダイエットハイという状況に陥り、ダイエットが快感になり、加速的にダイエットを促進してゆく。そのうち、栄養障害から、正しい判断ができなくなり、ダイエットをとめることができなくなり、体重減少がもとで、死に至ったりする。ある女性ボーカリストは、大好きな兄から自分が太ったことを指摘され、ダイエットを開始し、最終的に体重減少がもとで死に至ってしまった。ダイエットで気をつけなくてはならないのは、ダイエットハイという現象である。ダイエットに快感を感じてダイエットがやめられなくなってしまう。ダイエットは、標準体重、あるいは、それよりやや少ない程度で終えれば十分なのである。やせすぎても美にはつながらないし、健康にもつながらない。何のためのダイエットであるのかを考えながら行う必要がある。

拒食症の背景には、その人の精神発達の問題が隠されていることが指摘されている。母親との間の情緒応答性がなかったり、母親に十分甘えきれずに成長してしまったために、母親が自分のよいモデルになれずに、大人になるための抵抗として拒食症が起こってしまうという場合である。母親に悪気がなくても、最初の子どもが小さいうちに、次の子どもが生まれ、次の子どもに世話が集中し、幼い上の子どもの世話をなおざりにしてしまうのである。胃潰瘍・十二指腸潰瘍・心筋梗塞も心身症の一種であるといわれている。心の病が消化器系や心臓血管系に影響を与えるのである。

行為障害は、無気力行動・自己破壊行動・衝動行動・攻撃行動に分類される。無気力行動は、登校拒否や引きこもりがその典型的な場合である。子どもが学校に行きたがらないのは、登校拒否であるが、成人が会社に行きたがらない出社拒否や、父親が家に帰りたくない帰宅拒否もこれと同じである。神経症的な問題が背後に潜んでいると言われる。登校拒否の場合であれば、学校に行く時間になると、腹が痛くなったり、頭が痛くなったりする。そして、登校せずに家にいると、そのうち、それが治ってしまうのである。問題が解決されないと、子どもは家に閉じ込もるようになり、本格的に引き込もってしまう場合もある。親が無理やり登校させようとすると、子どもが反抗し、家庭内暴力に発展したりする。

子どもが学校に行かないのは、学校に行きたくない理由があるからである。それを解決しない限り、登校拒否は治らない。勉強がつまらないのかもしれないし、自分をいじめる人が学校にいるのかもしれないし、自分の心の居場所が学校にないのかもしれない。本人が学校へ行きたくない理由が意識的にわかっている場合は、まだよいが、本人にも気づかない理由、無意識の奥へしまいこまれてしまった理由もあるであろう。そのような場合には、原因がよくわからないということが発生する。子どもを脅かすものが学校に存在するから、学校に行きたくないのであろうから、脅かすものを排除しない限り、登校拒否は治らない。子どもを脅かすものが学校からなくなるか、子どもが十分強くなるかのいずれかであろう。

自己破壊行動は、自傷行為や自殺のことである。特に、自殺が最近増加している。思春期の子どもだけでなく、大人の自殺も増えている。自殺には「求める自殺」と「あきらめの自殺」がある。「求める自殺」は、苦しんでいる自分を助けてほしいという、助けを求める自殺であり、「あきらめの自殺」は、人生をはかなんで死を求める自殺である。「求める自殺」の場合は、リストカットのような助かる可能性のある方法を選ぶが、「あきらめの自殺」の場合は、確実に死ねる方法を選ぶ。

自殺を防ぐにはどうしたらよいのだろうか。多くの人は、自殺を考えた経験があるかもしれない。しかし、ほとんどの人は、実際に自殺を実行しない。自殺を実行してしまうか、とどまるかの分かれ道には、何があるのだろうか。自殺を実行してしまう人は、自殺以外に道はないと決めてしまうのであろう。

自殺以外に道はあるということに気づけば、自殺を防げる可能性が出てくる。今歩いている道の延長線上を歩くのに困難を感じるのであれば、別の道を見つければよい。自殺を考える場合、比較的自己中心的に生きている場合が多い。そこで、自己中心的に生きるという道をやめて、他人のために生きるという道を考えると新しい生き方が見えてくる。これからは、自分のためではなく、人のために生きてゆく道を進んでゆくのである。自分のために頑張ろうとすると、うまくいかないとき、自分が惨めになる。しかしながら、人のために頑張ろうとするときは、自分のベストを尽くせばよいのであるから、惨めな気持ちは起こらないのである。そして、また、元の道へ戻りたくなったら、戻ればよいのである。

そのとき、以前とは見方が変わっていることに気づくだろう。自殺防止で最も重要なことは、自殺を考えるような状態に自分を追い込まないことである。自殺原因で多いのは、対人関係・能力関係・経済関係である。

衝動行動とは、自分の欲求を抑えきれずに、衝動的に行動を起こしてしまう場合で、万引きや家出などがこれに当たる。人間の心の中には、社会のルールを守ろうとする心（「上位自我」）が存在するが、これが十分に育っていないと、他人のことを考えずに平気で自分の欲求を満たそうとする。この「上位自我」は、幼児の頃、父親との関わりを通して形成される。父親とは、子どもに社会のルールを教える存在なのである。

攻撃行動には、暴力および殺人が挙げられる。暴力には、家庭内暴力・校内暴力・社内暴力といろいろある。暴力は、なぜ生じるのか。人は、欲求不満が生じた時、その原因を外に向けるか（外罰）、内に向けるか（内罰）、どこにも向けないか（無罰）のいずれかである。自分の欲求不満の原因が、他人や社会にあるとすると、攻撃は、他人や社会に向かう。無差別殺人は、社会へ向けられた攻撃である。攻撃が内に向かうと、自殺へと導く。攻撃をどこへも向けないというのは、合理的解決の道を探すことである。誰も悪くないと考えるのである。

暴力が起こるのは、暴力を受ける人が欲求不満の原因であるか、その人が所属する社会に原因があることになる。暴力を受ける人に原因があるときは、その原因を探らなければならない。家庭内暴力は、子どもが親に対して行う暴力である。親が欲求不満の原因であると考えているのである。誰も自分を育ててくれる親に暴力を振るおうとは思っていない。暴力を振るわざるをえないような状況に追いやられたと考えることも重要である。自分を守るために暴力を振るっている場合もある。例えば、親が子どもに無理難題を押し付けてくる場合。子どもにはそれができないにもかかわらず、それができないと親は罰を与えたりする。例えば、勉強の成績が上がらないと、小遣いが減ったり、遊ぶ時間を減らされたりする。あるいは、体罰が待っていたりする。子どもにとっては勘弁してもらいたい状況である。子どもは自分を守るために暴力を振るわざるをえないかもしれない。

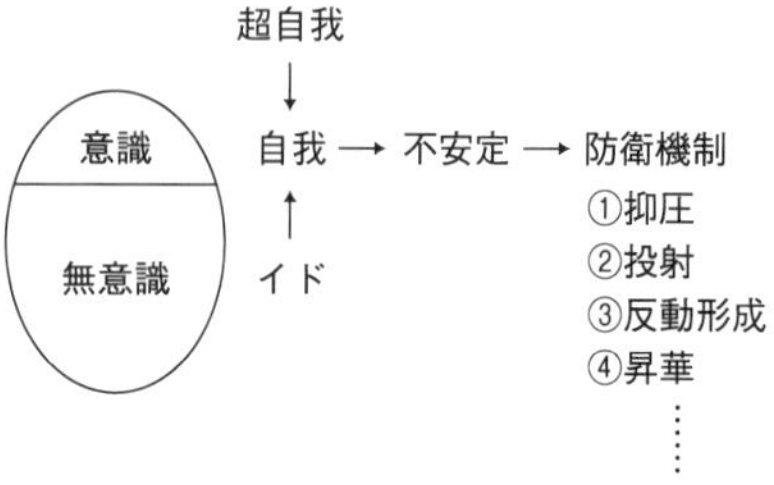

図 4-2　心のメカニズム（フロイト）

登校拒否の子どもが親に暴力を振るうのは、親が無理やり子どもを学校へ行かせようとするからである。子どもにとっては、ライオンの檻に入れられることに匹敵するわけであるから、暴力を振るわざるをえないかもしれない。家庭内暴力で苦しんでいるのは、家庭内暴力をしている本人である可能性が高いのである。できないことはできないのであるから、解決策は、できるようにしてあげることである。ライオンが怖くなければ、平気でライオンの檻に入れるようになるのである。

最近は殺人事件も多い。小学生から老人までが人を殺そうとする。子どもが親を殺し、親が子どもを殺そうとする。赤の他人が全く無関係の人を殺す。大変な時代である。なぜ、これほどまでに殺人が多いのであろうか。人は、自分を守ることは知っているが、他人を守ることを忘れている。殺人とは、他人を守っていないことである。他人を守ることは、自分を守ることでもある。よって、殺人を犯す人は、自分を守っているようで、自分も守っていないのである。自分を守るということは、他人を守ることと大いに関係があるのである。

精神発達においては、これは、社会の決まりを守ることが学ばれているかどうかと関係する。社会の規則を教えるのは、父親である。母親は子どもを守り、父親は社会を教えるのである。父親との関わり、社会のルールを教える人との関わりが、殺人と関係する。子どもが持っている、社会のルールや道徳を守るという心（「上位自我」）が育っていないのである。「上位自我」が不十分であると、自分の欲求を満たそうとする気持ちが強すぎる場合、自分の欲求を抑えきれずに、他人を殺してしまったりする。欲求を抑える、待つことを学ぶ、欲求を別の形に変えるということが重要である。

精神分析のフロイトは、心を意識と無意識に分け、意識は自我が支配し、無意識はイドが支配すると考えた。イドは、自分の欲求を満たそうとし、その欲求を実行しようと自我に働きかける。自我は、超自我（「上位自我」をフロイトは、超自我と呼んだ）に相談し、イドの欲求を現実に実行してよいかどうかを決める。そして、超自我がそれは実行すべきではないと考えると、イドに実行不可を告げる。しかしながら、欲求があまりにも強すぎると、イドは欲求の実行を主張し、自我を脅かす。そこで、自我は、心を安定化させるために、防衛機制を働かせる。この防衛機制は、欲求を抑える働きをする。

フロイトは、特に、欲求として性欲と攻撃欲を重視した。これらの欲求を抑える防衛機制として、まず、①抑圧を挙げる。抑圧は、社会的に認められない欲求を無意識の奥底に閉じ込めてしまい、簡単に意識に上らないようにしてしまうのである。次が、②投射で、自分が相手に抱いている社会的に認められない欲求を、相手が自分に対して抱いていると考えることによって、心を安定化する。③反動形成は、自分が相手に対して抱いている社会的に認められない欲求と反対の欲求を相手に抱くことによって、心を安定化する。④昇華は、社会的に認められない欲求を社会的に認められる形に変えて欲求を満たそうとするもので、相手に抱いている攻撃性をボクシングやプロレスのような格闘技をすることによって、満たそうとするものである。暴力や殺人などの欲求は、昇華のような方法で防ぐのも一つの方法であろう。

これらは、環境が原因で生じる精神障害であるので、誰もが体験する可能性を持っている。自分が体験する可能性も自分の家族が体験する可能性も出てくる。このような精神障害が起こらないように予防すること、起こってもできるだけ早い段階で気づいて治してしまうことが重要である。そのためには、常日頃から、自分にストレスをためないようにすること、相手にストレスをためさせないようにすることであろう。

四. 心の病と心の成長

人は、なぜ心の病になってしまうのであろうか。これは、正常と異常という問題である。社会の望む枠組みに入っていると、正常といわれるが、社会の枠組みから外れると異常といわれる。社会の枠組みは、時代とともに変わるので、絶対的なものでなく相対的なものである。すなわち、正常、異常の定義も時代とともに変わってゆく。離婚をすることがまれであると、離婚をすることに悩む人も出てくるが、離婚をすることが当たり前になると、悩んだりしなくなる。離婚をしない方が不思議に思えたりもするのだろう。離婚の多いアメリカでは、子どもたちの会話の中に、「君の今のパパは、何人目のパパなの?」という質問が出てくるらしい。パパが何人もいるのが当たり前なのである。そのように考えてゆけば、登校拒否も少数派であるから、異常に思える。登校拒否が多数派になると、登校拒否をしない方が不思議に思えることになるのかもしれない。登校拒否もせざるをえない場合があるのである。誰もすき好んで登校拒否をしているのではなく、そうせざるをえないのである。そうしないと自分を守れないからである。自分の成長のためには、自分を守る必要があるのである。

いつまでも登校拒否が続くのは、登校拒否を終える解が見つからないのである。解が見つかれば、心の成長とつながる。人は、自分を成長させたいから悩むのであって、自分をだめにするために悩んでいるのではないのだから。悩みは、その後やってくる心の成長を待っている。解を探すときに重要なことは、解は一つとは限らないということである。人の数だけあるかもしれない。解は、状況によって変わることもありうるのだ。解に悩んだら、心の成長へ導く解を選べばよいのである。うつ病の人は、何でも一生懸命頑張る傾向がある。解も完璧な解を求めたがる。完璧な解はないと考えると気持ちが変わるかもしれない。

5 無意識の心を知る

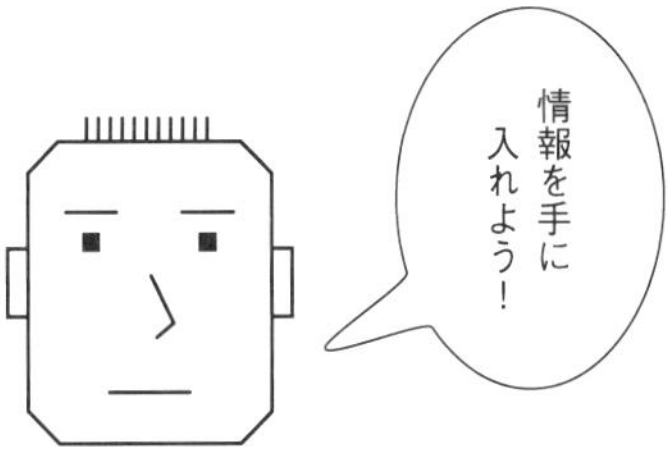

キガツイタラ,
カミガフエ

一・無意識の構造

心は、意識と無意識に分かれ、無意識が人間行動に影響を与えることを唱え、精神分析を始めたのは、フロイトである。フロイトは、無意識の中に閉じ込められた社会的に認められない欲求をクライエントに気づかせることが、ヒステリーのような神経症の治療に効果的であると考えた。

ユングも、フロイトと同様に、無意識の重要性を説いた。フロイトと異なる点は、無意識は、個人的無意識と普遍的無意識からなると考えたこと、無意識には自我を成長させる働きがあると、無意識をポジティブに考えたことである。意識を自我が支配することに対して、意識と無意識を支配する自己というものを考え、この自己が自我を成長させる働きをすると考えたのである。これを「自己実現の過程」、あるいは、「個性化の過程」と呼んだ。個人的無意識は、フロイトが考えた無意識に相当し、ここには、コンプレックスがしまわれていると考え、そして、人類共通に存在する無意識を考え、それをユングは、「普遍的無意識」と呼んだのである。普遍的無意識の中には、人類共通の夢内容である「アーキタイプ」がしまわれていて、この解釈がユング心理学の重要な部分である。

アーキタイプには、影・ペルソナ・アニマ・アニムス・自己などがある。影は、その人の持つ性格のうち、表に現れない性格である。夢の中では、友人の姿をして現れる。ペルソナは、社会に適応するための仮面で、親は親としての仮面をかぶり子どもに接してゆき、先生は、先生としての仮面をかぶり生徒に接してゆく。夢の中では、衣服として現れる。アニマは、男性の中にある女性像、アニムスは、女性の中にある男性像を表し、夢の中では、異性として現れる。そして、自己は、すでに述べたように意識と無意識を支配するアーキタイプで、老賢者や太母、曼荼羅として、夢の中に現れ、知恵を授けたり、心の安

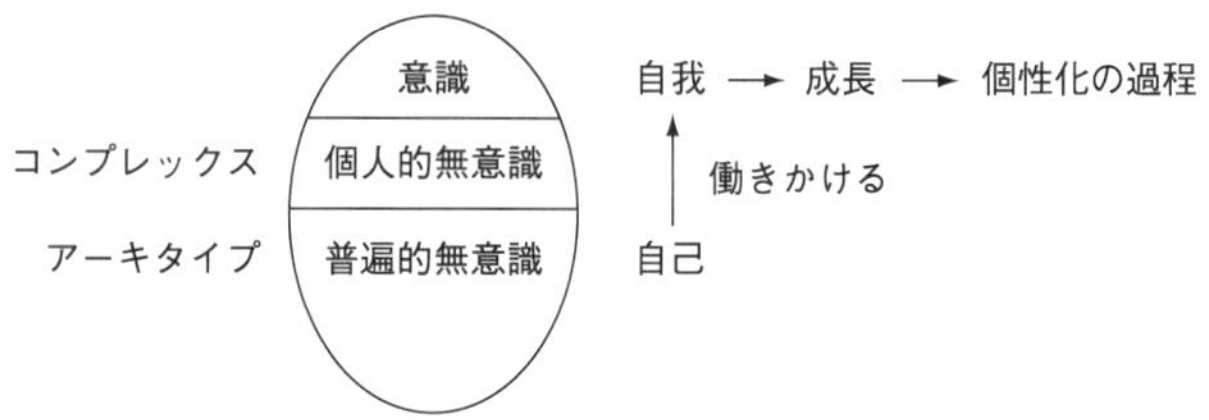

図 5-1　心のメカニズム（ユング）

定化を図ったりする。基本的に、ユングにとって、無意識は、意識の補償をするところで、意識で満たされなかった、その人にとって表に現れない部分（劣等機能）が無意識で補償されると考える。そして、また、無意識には、将来のプランが準備されていると考える。

二．個性化の過程

個性化の過程は、この無意識の中にある劣等機能に注意を向け、より高次の人格を形成してゆくことである。無意識の世界を探る手段として、ユングは夢分析を重視した。その中でも繰り返し見る夢は重要な夢である。意識の下で満たされていないものを、夢が満たそうとしているわけである。特に、青年期のような人生の重要な時期には、重要な夢を見る。追いかけられる夢、歯が抜ける夢等々である。追いかけられる夢は、その人がまだ解決していない問題があり、その問題が追いかけてくるのである。本人は、忘れているつもりでも、無意識は覚えているのである。そして、それを解決することが重要であることを教えてくれているのである。

また、人生の重要な時期には、「共時性」という現象がしばしば生じる。これは、「意味のある偶然」のことをいい、互いに因果関係のない二つのことが偶然起こり、それがその人にとって、大変重要な意味をなすのである。例えば、そろそろ結婚する時期がやってきたが、相手がいない、どうしようと考えていると、突然、中学校の時の同窓会を開催するという連絡が入り、出席してみると、そこには、自分と同じように結婚について考えている異性がいて、話が盛り上がり、二人は付き合うようになり、最終的に結婚をしたような場合である。自分が結婚をしようと考えていたことと同窓会があることはその人にとっては、因果関係がない、偶然の出来事である。しかし、その偶然の出来事が意味のある結果を生み出すのである。誰かがどこからともなく、その人が次の段階にゆけるようにセットアップしてくれるのである。これを「アレンジメント」と呼ぶ。天の配剤というべきものである。

ユングは、時を時計で計れる「クロノス」と時計では計れない「カイロス」、すなわち、時期、に分類したが、人生というのは、クロノスに従って回っているというより、カイロスに従って回っているのである。クロノスで二〇歳になったから大人になるというより、人によって大人になる時期が違うのである。それは結婚する時期が人によって異なるようなものである。結婚しようと思ったときに結婚するのが、その人にとって最もよい時期で、まだ早いと思っているときは、まだ心の準備ができていないのである。人生において、次の段階にゆくには、時が熟す日がやってくる必要があるのである。それが人によって違うのである。自分なりのカイロスに気づくことが非常に重要である。

自分が本当にしたいことは何なのであろうか、憧れではなくて、人生において自分の使命と思っているようなもの、それは何なのか。それに気づくには、無意識の心の声に耳を傾けるとよい。無意識の中では、本人の気づかない将来のプランが準備されている。人は、無意識のうちに、自分の将来を考えているのである。そして、無意識のうちにそちらに向かって歩いているのである。しかしながら、途中に存在するさまざまな障害物によって、異なる道に進んでしまうのであろう。大学を出たら、就職をしなければいけない、これはクロノスによる人生設計である。しかしながら、その人にとっては、まだ、就職をしようという気持ちは起こっていない、就職をするカイロスではないのである。クロノスを重視して就職してしまうと、自分の望む本当の道とは異なった道を歩んでしまうかもしれない。このときに本当は自分は何をしたいのか、これがわかっていると、その人にとっての本来の人生の道が見えてくるであろう。これが重要なのである。本当の道を抑えて異なった道を歩いても、そのうち本当の道を思い出すのである。そのカイロスが来たときに。

人間が歩む道には、「身体のために歩く道」と「心のために歩く道」がある。「身体のために歩く道」は、生きてゆくために必要な食料を手に入れなければならない道で、「心のために歩く道」は、個性化のために歩く道である。二つの道が一致していることを人生設計としては望むところであるが、一致していないと、「心のために歩く道」を歩きたくなる時期がやってくる。その日が来たときに歩けるように準備しておけばよいのである。本来の人生設計は、この二つの道を考慮に入れた人生設計なのである。食料を得るだけの人生設計では、心が満たされない。心を満たすだけの人生設計では、明日食べるものもないかもしれない。

「自己実現」とは、自分自身の能力を最大限伸ばすことである。マズローは、人間の欲求の階層構造を考え、一番高次の欲求として、この自己実現の欲求を挙げている。すなわち、自己実現の欲求とは、食べ物を食べたい、寝たい、愛されたい、尊敬されたいという低次の欲求（生理的欲求・安全欲求・所属と愛情欲求・自尊欲求）が満たされた後に出てくるのである。人生全体における心の発達を考えるとき、人生前半は、自我の確立が中心的な課題であり、人生後半になり、自己実現の欲求が出てくるのである。低次の欲求は、基本的に「欠乏欲求」であり、自分の中に足りないものを満たそうという欲求である。空腹だから、食べものを食べたい、疲れているから、寝たいというのは、欠乏しているものを満たそうとしているわけである。すなわち、外から内へ取り入れる欲求である。

それに対して、自己実現欲求は、「成長欲求」である。成長欲求は、自分の中から外へ放出される欲求である。それは、自分のためではなく、人のために行おうという欲求である。自分は十分に幸せだから、恵まれない人のために尽くしたい、十分な知識があるから、それを人に教えたいといった欲求は、成長欲求である。すなわち、心の成長とともに、人のために何かをしたいという気持ちが育ってくるのである。

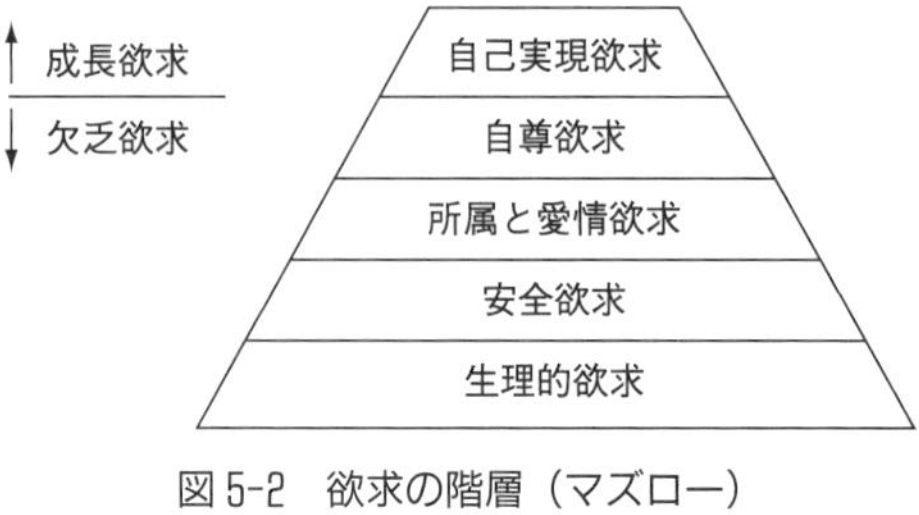

図 5-2　欲求の階層（マズロー）

ユングは、自己実現欲求を人格が最も高次の統合されたレベルと考えている。自己実現の過程に進むためには、自分が今まで横に追いやっていた実現不可能と思い込んでいたような欲求にも眼を向け、それらに気づくことによって、より高次の人格へと成長してゆくと考えたのである。

青年期における自我の確立の際には、その人の得意科目が重要な役割を果たす。何か得意なものを持っていることによって、自分の存在感が育ってゆき、それが自我の確立へとつながってゆくのである。そして、自我の確立ができると、次は、自分の不得意科目に眼を向けるようになるのである。ユングは、得意科目は心の優越機能に関わり、不得意科目は心の劣等機能に関わると考えた。すなわち、優越機能だけでなく、劣等機能にも眼を向けることによって、それらを統合し、より高次の人格が形成されてゆくのである。

三. 表面的人生目標と深層的人生目標

本当は、音楽で身を立てたかったが、収入が不安定なので、収入が安定している職を選んだとか、大学へゆく学費がなかったので、高卒で就職したといった本来自分の思う方向と異なる方法へ進んでしまった人は、それらに対する欲求が劣等機能として、心の中に眠っている。それが、人生後半になって再び頭をもたげてくるのである。あのときあきらめていたものを、やはり挑戦してみたいと思うのであろう。本当に自分がしたいことを何らかの理由であきらめてしまうと、それが可能になってきたとき、再びその欲求に駆られるのである。その意味において、本当に自分が人生をかけてしたいと思っていることは、あきらめずに何らかの形で継続しておくことが重要である。人は、自分の本当の欲求とは別に生計を立てるために行う「表面的人生目標」と本当の欲求を満たしたいが実現できずに心の奥底に眠っている「深層的人生目標」を持っている。この「深層的人生目標」を大事にすることが自己実現のためには重要であるように思う。

ユングは、無意識の中に、前述したように将来のプランが貯蔵されていると考えた。ユングによって、無意識は、意識のもとで実現できなかったことが貯蔵されている場所なのである。無意識は、意識の補償作用を行う。意識が優越機能で支配されているのに対し、無意識は劣等機能で支配されているのである。無意識の中で、本人が知らず知らずのうちに、「深層的人生目標」が実行されてゆくのであろう。心の声に耳を傾け、自分は本当は何をしたいのかということに気づき、それが可能になるときまで、準備しておけばよいのである。実現できないのは、実現のための要件が満たされていないのである。それが満たされたとき、本当の望みがかなえられる可能性が出てくるのである。時期を待つということが重要なのである。

自分が本当にしたいことは、実現可能であるのか。頑張れば、本当になりたいものになれるのか。どこまで実現可能であるかは、その人がすでに持っている条件に依存する。実現可能に必要な要件をすべて満たしていれば、実現可能性がかなり高いであろうし、必要な要件が十分揃っていないと、実現可能性が低くなる。本当にしたいことの要件が揃っていなくても、それが本当にしたいことであれば、その目標にできるだけ近づいてみればよい。距離が近づくにつれ、それが本当にしたいものであるのかも、自分がどれくらいそれに向いているのかもだんだんわかってくる。単なる憧れであったのか、それをどうしても必要とするものであるかがわかってくるのである。そして、たとえ目標に到達できなくても、目標に向かってゆくプロセスが、その人の心の成長にプラスに働いてゆくので、目標を目指してみるのは重要である。人生の最終目標は、心の成長なのである。これが「深層的人生目標」なのである。

「表面的人生目標」は、「深層的人生目標」の達成のための一つの手段である。オリンピックで金メダルを取ることを人生目標にすることはすばらしいことである。しかし、金メダルをとれる人は、一人しかいない。たとえ金メダルをとれなくても、それを目指し、日々訓練を重ねたことに人生の重要性があるのである。心の成長は、何かを目指して、頑張ってゆくことと関連しているのである。

自分らしく生きてゆく。それがこれからの生きるスタイルである。自分らしさをどのように表現したらよいのだろうか。自分は、他の人よりも勝っているものがない。よって、自己表現するものがないと思っている人もいるかもしれない。しかしながら、世の中において自分と全く同じことをしている人はいない。たとえ、一卵性双生児であっても、完全に同じ生き方ではない。同じ英語の先生であっても、教え方、興味の持ち方が異なるであろう。自分らしさは、他の人と違うところ、自分なりに積み上げてきた経験から作られてゆく。自分が積み上げてきたものを大切にし、それに磨きをかけてゆけばよいのである。それは、社会への貢献とつながるものである。

自己表現にはいろいろなものがある。自分の見栄えも自己表現である。毎日着る服も自己表現である。どのような服を着るかによって、すでに自己表現は始まっているのである。どのようなものを食べるのかも自己表現である。どのような車に乗るかも自己表現である。何を学ぶかも自己表現である。どのように日々の時間を過ごすかも自己表現である。日々の一つ一つの自己表現をよりよくすることを考えることによって、全体的な自己表現が向上してゆく。

自己表現は、「言語的自己表現」と「非言語的自己表現」に分類される。「言語的自己表現」は、言葉を通しての自己表現であるので、その人が何を表現しようとしているのかがわかりやすい。それに対して、「非言語的自己表現」は、その人が何を表現しているのかを推測しなければならない。また、「意識的自己表現」もあれば、「無意識的自己表現」のように本人も気づかない自己表現もある。他人の自己表現にも眼を向けることによって、自分が他人にどのように自己表現しているかも気づいてゆく。他人の自己表現に気づくことは、自分の自己表現のよい手がかりとなるであろう。

四．新しい自分を創る

なりたい自分を目指してゆくうちに、こんな自分になってみたい、新しい自分を創ってみたいと思うことがあるだろう。新しい自分を創るとは、今まで自分には関係ない世界のように見えていた世界に足を踏み入れてみたい気持ちになってきたということである。人は基本的に自分が得意とするものを中心に生きてゆくが、それが一段落すると、今度は、自分が不得意であった部分にも眼を向けるようになる。自分の中にある劣等意識にも眼を向けることによって、より高次の自分ができてくるのである。

今まで自分とは関係ないと思っていた分野に一度自分を踏み入れてみよう。そうすると、新しい自分の発見につながってゆく。例えば、スポーツが苦手だと思っていた人は、スポーツに挑戦してみよう。その際、独力で始めるのではなく、最初からプロの指導者の指導の下で、習うことを勧める。プロの指導者は、スポーツの苦手な人の指導にも慣れているので、習ったことの復習と本などによる予習をしておくと、必ず上達してゆく。習っただけでそれを復習もせず、習いっぱなしであると、上達はしない。練習なくして上達の道はないのである。教わった通りに繰り返し練習をすれば、すぐに上達してしまう。そうすると、スポーツをすることの楽しさがわかってくる。

性格を変えることも新しい自分を創ることである。性格は、変えられるのかと不安に思う人がいるかも知れない。性格には、比較的体質に依存する気質的な部分と環境に依存する部分に分けられる。最初から備わっているものは、なかなか変えにくい。二輪車を四輪車に変えるのが難しいように。ただ、最近では、最初から備わっているものまで変えてしまおうというケースもある。性転換である。しかし、全く完璧に変えるというわけにはゆかない。アドラーのいう「使用の心理学」に眼を向けるのも一つの解決策である。与えられていない資質を望むよりも、与えられた資質を生かすことを考える。与えられた自分をどのように生かすかを考えてゆくのである。背の高い人は、背の高さを利用した自分の生かし方があるかもしれない。誰も真似ができない自分だけの資質を生かすのである。自分に合ったものを探すのが一番簡単である。内向的な人が外向的な人を見て、私も外向的になりたいと思い、性格を変えようと頑張ることもよいであろう。しかし、内向的であることが悪いことではない。内向的には内向的のよさがある。それを生かせばよいのである。

どうしても自分の性格を変えてしまいたいと思う人は、性格を変えるというよりも自分の中に新しい性格を取り入れることを考えることが重要である。内向的な性格を変えたい人は、外向的な部分を作ってゆけばよいのである。最初から一〇〇％外向的になるのではなく、一〇％外向的な部分を作ってみればよい。そして、それを増やしてみればよい。そのうち、内向的な性格のよさに気づくかもしれない。そのときは、また、内向的な性格にもどればよい。可能性を狭めるのではなく、可能性を広く保ちながら自分の可能性を考えてゆくのがよいだろう。帰り道を考えない旅は、危険である。帰り道を考えながら、歩くことである。戻りたければ、いつでも元に戻れる方が、気が楽である。内向的な人にとって、外向的な性格は、劣等機能である。劣等機能は、表に出ずに影となり潜んでいる。心の中における劣等機能に眼を向けたいという気持ちは、心の成長とともに生じるものである。

新しい自分を創るためには、新しい自分を生かす環境設定も重要である。その環境が新しい自分を創るのである。例えば、テニスを始めたいと思ったら、テニスをする人たちがいる環境に自分をおくと、テニスができるチャンスが増えるだけでなく、テニスが上手な人がそこにはいるので、テニス上達の方法も手に入る。社交的な人間になりたいと思ったら、社交的な人と出会うことである。その人を通して社交的に生きるということがどういうことであるかがわかってくる。何事も新しいことを始めるには、その道の達人がいる環境に自分を置くことが重要なのである。また、新しい自分を創ることを考えていなくても、今までと異なる新しい環境に自分を置くということは、新しい情報に自分を触れさせ、自分の成長に役立つ。新しい環境の中でゼロからの出発を始める自分を楽しむのである。

6 学び方を学ぶ

一・学ぶということ

新しいことを学ぶということは、その分野に関しての知識がまだ少ないことを意味する。知識が少ないと理解もしにくい。一〇〇%知らない話を理解することは、大変である。逆に、一〇〇%知っている話は、理解しやすい。理解のしやすさは、その人がその内容を知識として持っているかどうかに関わる。八〇%知っている話は、二〇%のみが知らない話であるので、理解することができる可能性が高い。知らない部分が多いほど理解するのは大変なのである。そこで、新しいことを習う際には、前もっ

ココロモ,
マルクナリ

て何らかの方法で、例えば、本などを読んで、事前知識をつけておいて習うことを始めればよい。そうすれば、理解しやすくなる。苦手なものほど人は準備したがらないが、準備をすることによって、苦手なものもそれほど苦手ではなくなる。苦手なものほど準備が必要と思えばよい。そして、準備をすればするほど、苦手ではなくなることに気づけば、習うことの楽しみがわかってくるに違いない。勉強が好きな人ほどよく勉強し、勉強が嫌いな人ほど勉強をしない。苦手なものは嫌いなので、その分野を勉強したくなくなる。よって、さらにできる人との差が大きくなってゆく。その分野の知識がないので苦手なのだから、知識をつければ得意になり、好きになるのである。

自分が興味を持った分野は、最初から苦手と思わずに、知識を集め、学び始めることが重要である。本屋や図書館にゆけば、その分野に関する入門書から専門書までいろいろなレベルの書籍がある。自分にわかりやすい入門書を買って、徹底的に学び始めるのである。そうすれば、学ぶことの楽しみがわかってくる。そして、同時に努力をすれば、苦手なものはなくなるということに気づいてくる。苦手なものとは、その分野の知識がないものであって、能力がないものではないということなのである。

学び方にも効果的な学び方と効果的でない学び方がある。効果的でない学び方は、ただ覚えるだけの学び方である。ただ、覚えるだけの学び方は、そのうち、忘れてしまい、学んでもその苦労が報われない。効果的な学び方は、ただ、覚えるのではなく、知識として、記憶に残る学び方である。人は、なぜ学ぶかというと、後でそれを使うから学ぶのである。使う必要のないものを学ぶ必要はない。後で、一時的に使うだけで、それ以後は使わないものは、一時的に覚えておけばよいが、後でしばしば使うものは、永久的に記憶しておく方がよい。永久的に記憶しておくためには、自分のすでに持っている知識と関連づけて覚えるのがよい。知らない言葉を覚えるときも、その言葉の近くですでに知っている言葉と関連づけて覚えればよく覚えられる。そして、思い出せるようにしておくことである。せっかく覚えても思い出せなければ意味がない。後で思い出すことを念頭に入れて覚えればよいのである。思い出す手がかりと一緒に覚えれば効果的である。

これは世にいう記憶術であり、記憶術は、できるだけ思い出しやすいような手がかりを使用する。たとえば、場所法は、自分がよく知っている場所を頭に描き、そこに置いてあるものと覚えるものを対にしておく。そして、思い出す時には、頭の中で、その場所へ行き、そこにおいてあるものを思い出すことによって、該当するものを思い出すのである。

学ぶことにとって次に重要なことは、学んだことを実際に使ってみることである。習ったことは、すぐに使ってみる。忘れないくらい何度も何度も使ってみる。こうすることによって、自分の知識となってゆくのである。

二、小学生までの学び方

私たちは、なぜ勉強をしなければいけないのかと思う人がいるかもしれない。これは、将来自立する日がやってくるので、その日の準備をしているということである。子どもが働くまでは、親が食事や住まいを提供してくれる。しかしながら、社会人になると、人は、自分で生きてゆく道を歩き始める。そのとき、自分で生きてゆくときには、生きてゆくための知識が必要である。その基礎知識を小学校から大学までの間に学んでいるのである。たとえ、自分で働くようになった後も親と一緒にいても、親は永遠に存在するわけではない。いつか別れがやってくる。それ以降は、自分の力で生きてゆくことになる。結局は、自分の力で生きてゆくことになる。よって、小学生のときは、小学生としての準備をしておく必要がある。小学生は、遊び盛りである。遊ぶことが小学生の仕事のようなものである。勉強が重要だから、遊んではいけないというわけではない。遊ぶことも重要なのだから。「よく遊び、よく学べ」を、小学生は小学生なりに実践すればよい。

遊びは、対人関係を豊富にするだけでなく、創造性をはぐくむことにもよい影響を与える。遊んでいるようで、勉強の基礎を遊びの中から学んでいるのである。また、遊びの中に学んだことを応用しているのである。学校で学ぶ算数・国語・社会・理科・音楽・美術・体育だけが勉強ではない。学んでいるのは、問題解決方法なのである。問題が起こったとき、それをどのように解決したらよいのかを学んでいるのである。学校で学ぶ科目はその一例に過ぎない。学校の科目だけでなく、遊びや日常生活の中にも学ぶことはたくさん存在しているのだ。学校で算数を学ぶと同じように、遊びで対人関係を学び、家の手伝いで生活の仕方を学んでいるのである。これらが、すべて将来自分に降りかかる問題解決の練習になるはずである。

小学生の勉強にとって重要なことは、それが楽しいということでなければならない。楽しければ、小学生は勉強を一生懸命する。勉強を一生懸命すれば、成績が上がり、ますます楽しくなってくる。そのためには、楽しくなるような仕組みを作ればよい。

一つは、遊びの中に勉強を取り入れることである。遊びながら学べれば、一石二鳥である。

二つめは、頑張れば、問題が解けるということを体得させることである。頑張ってもできない難しい問題を出すのではなく、頑張ればできそうな問題を出すと、子どもは自然と頑張れば問題が解けるということを学んでゆく。

三つめに、頭で学ばせるより身体で学ばせることである。小学生は、まだ、抽象的思考能力が苦手である。具体的な例を用いて問題を出すことである。植木算も実際に植木を植えさせてみれば、植木算の原理に気づくであろう。また、計算問題や漢字の練習は、練習すればするほど上達するので、頑張ればできるようになることを教えるにはよい課題である。漢字もただ漢字の練習をさせるのではなく、本を読むことによって新しい漢字に出会うことは、子どもの好奇心をそそる。子どもにとって読みやすい本との出会いは、子どもの言語力の向上には最高の題材である。

四つめに、子どもが勉強したがっているときに勉強させるのがよい。勉強したがっていない子に勉強させるより、勉強したがっている子に勉強させることの方が簡単である。勉強したがるには、したがる理由がある。勉強したがらないのは、したくない理由がある。それに気づくのは、親にとって重要である。勉強は、苦しさを我慢しながらするのではなく、楽しいから勉強するというのが、勉強の本来の姿である。同様に、スポーツをしたがったら、始めさせればよい。それが一番よい時期である。そして、子どもはそのうち飽きるものである。そのうち、努力しても思うようにならずに、いやになるのである。勉強は、そこからが本番である。自分をいろいろと試してゆくうちに、また、うまく進めるようになるのである。もう少し頑張らせてみよう。どうしてもその気にならなければ、中断すればよい。本当にしたいことであれば、またそのうちしたくなるものである。一度やめたのだから、二度としてはいけないというのは、よくない。また挑戦したくなったら、させればよい。最初からうまくはゆかないのである。「失敗は成功のもと」ということだ。

五つめに、問題を解くにあたって、勘を働かせる練習をするのが、小学生の勉強法である。自然の中で学んでゆくのがよい。昆虫を図鑑の中で学ぶより、自然の中で学ばせるのが、本当の勉強である。子どもが勉強を必要とするのは、問題解決能力の基礎を作るためで、いくら算数ができても鉛筆すら削ることができなければ、将来の自立に大きな不安を感じるというものである。

三．中高生の学び方

中学生は、問題を理詰めで解いてゆく時期である。算数が数学に代わり、方程式を用いて問題を解いてゆく。そこには、抽象的思考能力が必要である。抽象的思考能力の訓練の場なのである。本を読んでいても小学生が読む具体的な内容から抽象的な内容へと変わってゆく。抽象的思考を抽象的思考のままで解く、解けなければ、具体的なものに置き換えて解く。この練習が中学生の勉強法である。そして、一人で学んでゆく練習の時期でもある。

一人で学ぶ練習のよい方法は、予習である。予習をすることによって、自分が一人で学んだことが正しいかどうかがすぐにわかる。そして、次は、まだ他の人が知らないことを自分で学び始めてみることである。同級生がまだ知らないベストセラーを同級生より先に読んでみたり、同級生が知らないような漢字を勉強してみたり、同級生が知らない科学の知識を本を通して勉強してみたりする。本を読むのは、小説や伝記だけではない。科学の本やスポーツの本、音楽の本など、自分の得意分野を作るための本も読んでみよう。自分の知識が広くなっていくのに気づくであろう。

高校生は、中学生の勉強の延長線上にある。抽象的思考能力をさらに高めてゆく時期である。今までよりも難しい問題を解いてみる、難しい本を読んでみる。誰よりもスポーツが上手になってみる。誰よりも唄がうまくなってみる。同級生に差をつける時期である。自分の能力を最大限に伸ばしてみよう。数学の能力を伸ばすために、参考書をたくさん買い、いろいろな問題を誰よりも先に解いてゆく。先生から学ぶという勉強法から、自分で学んでゆくというスタイルに変えてゆく準備をする時期でもある。高校生になると、スポーツの世界では、オリンピックにも出場するようになる。高校生の時点から、世界一を狙えるチャンスがあるのである。高校時代は、天才的素質が眼をさます時期なのである。人よりもすごくなる。これが高校生の課題である。

四．大学生以降の学び方

大学生の課題は、専門性を獲得することである。医者を目指す人は、医学の勉強をする。弁護士を目指す人は、法律を勉強する。大学と高校の違いは、大学では、自分のとりたい科目を自分で選ぶことである。大学の科目には、必修科目と選択科目がある。科目の中には、クラスが決まっていて、自分で履修する時期を選べない科目もあるが、自分で選ぶ科目が増えてくる。高校までの勉強法は、基本的には、先生から教わったことをできるだけ正確に吸収することであった。すなわち、知識吸収型の勉強スタイルである。それに対して、大学では、自分で学ぶのである。教わるのを待つのではなく、自分から学んでゆく勉強スタイルである。そして、受動的に知識を吸収するのではなく、なぜそうなるのか、それでいいのかと疑問を発し、問題を解決してゆく勉強スタイルなのである。これを問題発見解決型の勉強スタイルと呼ぶ。

また、大学の科目は、一般教養科目と専門科目に分かれる。一般教養科目は、社会に出て必要な教養を学ぶ。そして、専門科目は、自分の専門性を高めるために学ぶ。一般教養科目の中には、高校までに学んだ科目の延長線上にある科目と今まで習ったことのない新しい科目がある。例えば、数学や英語は、延長線上の科目であるが、心理学は大学になって初めて学ぶ。心理学は、さらに細かく分類されるが、心の発達と能力の開発に関する心理学は、自分を知るのに重要な分野であるので、履修することを勧める。そして、大学三年生以上になると、ゼミに入り、自分の研究課題を探し、研究を開始し、卒業論文として、それをまとめる。卒業論文は、自分のオリジナリティを発揮する場である。大学生としての自己表現の一つである。勉強分野で自分が学んできたことの成果を示す場である。

大学のもう一つの特徴は、自由な時間が人生で一番多い時期であることだ。長い夏休みと春休みをどのように過ごすかが重要である。社会に出てアルバイトをして、自分の将来の職業の手がかりを探すこともできるし、世界に飛び出し、自分の見聞を広めることができる。自分の個性を徹底的に伸ばす機会なのである。

大学院は、自分の専門性をさらに高める場所である。大学院は、修士課程と博士課程に分かれる。基本的には、博士課程を目指し、博士号を取得し、専門家として、社会で活躍する道を作る場所である。自分独自の研究を行い、それを学会で発表し、学会誌に研究論文として掲載してゆく。そのためには、その専門分野について深い知識を有している必要がある。世界中で行われている研究の中で、最もホットな研究成果を調べ、そして、自分の研究に生かしてゆく。そして、自分の研究を世界でも最もホットなものにしてゆくのである。そのためには、英語をはじめとした外国語の習得のほかに、現象の中から法則を見つけ出してゆく論理的思考能力も必要になってくる。すなわち、研究者としての勉強法を学んでゆくのである。研究者は、深い知識の獲得に専念する。

社会人の勉強法は、その人がどのような立場にいるかによって異なる。専門職としての立場とそれ以外の立場である。専門職としての立場は、研究者としての立場と同等である。専門家としてではない場合は、勉強法は異なる。自分の担当している仕事を効果的に進めるための勉強をするのである。仕事のために法律の知識が必要ならば、法律を学び、仕事のためにスペイン語が必要ならばスペイン語を学ぶのである。社会人は、広い知識の獲得に専念する。

生涯学習という言葉がある。大学を卒業したから、勉強はこれで終わりというわけではない。人は、一生涯勉強してゆくのである。ただ、勉強の内容が今までと異なる場合も出てくる。新入社員には、新入社員としての勉強があり、社長、部長、課長などの管理職には、管理職としての勉強がある。そして、主婦には主婦としての勉強がある。主婦は、家庭を守る勉強をする。掃除の仕方、料理の作り方、子どもの育て方、これらは、すべて勉強である。どこかの教室へ行って学ぶことができるものもあれば、自分で本を読んで学ぶことができるものもあるし、経験者から教わることができるものもある。

なぜ、生涯、人は学ばないといけないのか。世の中は、日々刻々と変化している。生きてゆくために、新しい環境に適応するために、学んでゆくのである。そろばんが必要なときはそろばんを学び、電卓が必要なときは電卓を学び、インターネットが必要なときはインターネットを学ぶ。そして、子どもが悩んでいるときは、子どもの心に耳を傾けることを学び、家族の心が通じなくなったら、家族の心に耳を傾けることを学ぶ。生活のために必要なものは日々学んでゆくのである。

学ぶことをやめたとき、人はどうなるのであろうか。学ばないということは、新しい知識を一切頭の中に入れないということである。朝起きて新聞も読まない、テレビも見ない。今日あったことも記憶しない。身体は、動かさないと身体が使えなくなるように、頭も使っていないと使えなくなる。物事を覚えようと思っても、日頃から覚えようとしていないと、なかなか覚えられないのである。そのうち、思い出しにくくなり、自分の名前も思い出せなくなる。楽しみながら学んでゆくのが、身体にも心にもよいのである。学ぶことを避けるより、楽しく学ぶ方法を探した方が面白い。

7 知を科学する

フタタビ，
キドッテミタラ

一・知識を獲得する

知識は、どのようにして獲得されるのか。人間は生まれたときから、知識獲得を始め、日々知識を積み重ねてゆく。生まれたときは、知識が全くないのではなく、生きるために必要最小限の知識が先天的に与えられている。それは「生得的反射」という機能である。反射的に母親の乳を探し、反射的にその乳を吸う。誰からも教わったことではなく、生まれながらに備わっているのである。

ピアジェの「発生的認識論」によれば、知識獲得のプロセスは、感覚運動期・前操作期・具体的操作期・形式的操作期の四段階からなる。

感覚運動期は、生後一ヶ月までは、生得的反射に基づいて知識を獲得し、そのあと、循環反応によって、知識を獲得してゆく。循環反応とは、知覚と運動の循環を意味し、眼に見えたものの方へゆく、あるいは、音のした方を向くといった行動が循環反応である。眼や耳によって得られる知覚に基づく、移動とか振り向くという行動が運動であり、知覚と運動が循環することによって、知識を獲得するのである。感覚運動期は、二歳まで続き、この間に、手を動かすとか、足の先を見ることなどを通して自分の身体についての知識を得るとともに、自分のそばにあるものまでの移動などを学ぶ。また、言語の獲得においては、喃語から始まり、一語言葉まで言えるようになる。

前操作期は、二歳から六歳頃までの段階を指す。前操作期になると、いよいよ言葉が使えるようになる。言葉による知識の獲得が始まるのである。そして、イメージも使えるようになる。しかしながら、知的発達のレベルとしては、保存の概念ができていない。数の概念や、重さの概念ができていないのである。五つの碁石を異なる配列でおくと、同じ五個という個数であるにもかかわらず、広く散らばっている場合の方が、狭く散らばっている場合よりも数が多いと考えたりするのである。すなわち、見

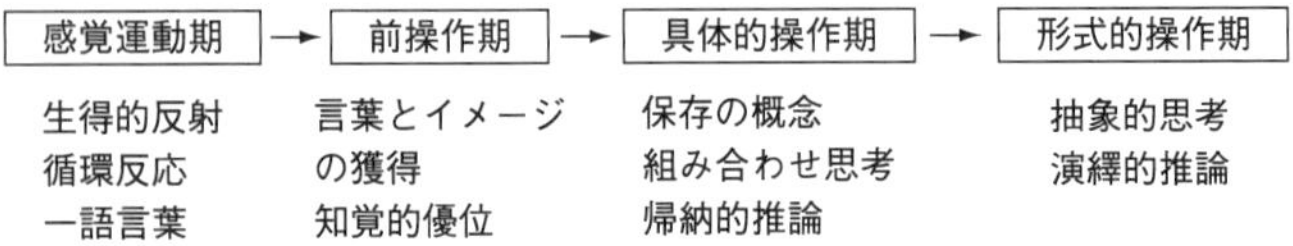

図 7-1　発生的認識論（ピアジェ）

た月で数の概念が影響されてしまうのである。これを知覚的優位という。

これが、次の具体的操作期（六歳から一二歳頃）になると、保存の概念が獲得されるようになる。さらに、組み合わせ思考も可能になる。そして、帰納的推論も可能になる。これを通して、概念形成ができるようになるのである。さまざまな犬を見ることによって、犬の特徴を見出し、犬とはどういう動物であるという犬の概念が形成されるのである。

そして、最後の段階である形式的操作期（一二歳以降）になると、眼の前に具体的に対象がなくても抽象的に論理操作が可能になる。これは、演繹的推論を可能にする。

また、知識の獲得には文化も影響する。その人がどのような文化のもとで生活しているかが、知的発達に影響を与えるのである。例えば、コールの研究によると、農耕民族の子どもと狩猟民族の子どもの知的発達を比べた場合、農耕民族の子どもは、保存概念の方が空間概念よりよく発達するのに対し、狩猟民族の子どもは、逆に、空間概念の方が保存概念よりよく発達する。農耕民族は、一つの場所に留まり、食料を作ったり、保存したりするので保存概念が発達するのに対し、狩猟民族は、獲物を追って移動する生活をする。これを通して空間概念が発達するのである。これを「文化的文脈理論」と呼ぶ。また、知的発達は、どの領域も同じスピードで発達するのではなく、領域によって発達するスピードが異なる。これも環境が影響を与えるのである。数学者の子どもは、他の子どもよりも数学的考え方が優れている場合が多いのはこのためである。これは、知的発達には環境が影響を与えることを示唆する。

さらに、ヴィゴツキーは、「最近接領域仮説」を唱える。人間の知的発達には、自分独自の力で発達するレベルと大人のようにその分野の知識を多く有する人の助けによって発達するレベルがある。この後者のレベルを「最近接領域」と呼び、この領域に積極的に大人が働きかけることによって、子どもの知的レベルは発達すると考える。そして、これには、言語の働きが重要であると説く。言語を媒介にして、知性は発達することを主張する。知的発達がまだそのレベルに達していなくても、最近接領域に働きかければ、知的能力は発達するという。教育は、レディネスに優先するということである。

二. 知識を保存する

得られた知識は、頭のどこかに保存されている。保存されていても、使わないとやがて時間の経過とともに減衰し、やがては消えてしまうかもしれない。また、保存できていても、どこに保存したかがわからなくて、思い出せない場合もある。知識は、後に使用するから保存しておくのであって、いざ使用するときに思い出せなければ意味がない。記憶するときには、思い出すときのことを考えて記憶することが必要なのである。そのためには、思い出すときの手がかりと一緒に記憶すればよい。

記憶には、感覚記憶・短期記憶・長期記憶がある。感覚記憶は、眼や耳などの感覚器官で一時的に保持される記憶で、保持時間は一秒以内である。それが、注意や言語化などのパターン認識によって、短期貯蔵庫に移され、短期記憶となる。そして、短期記憶が長期記憶になるためには、覚えるべき言葉を何度も繰り返して言ったり（維持リハーサル）、あるいは、既存の知識と関連づけながら覚える（精緻化リハーサル）。この既存の知識と関連させながら覚えるのが、思い出すときの手がかりになるのである。いわゆる記憶術は、思い出すときの手がかりとして、構造化されたものを用い、それらと覚えるべき言葉を連想によってしっかり結びつける。そして、思い出すときに、構造化された手がかりを体系的に思い出すことによって、思い出すべきことを思い出すことができるのである。

タルヴィングは、覚えるときの段階と思い出すときの段階は、独立な段階ではなく、互いに関連していると主張する。例えば、覚えた単語を思い出すときに、覚えたときと同じ状態で思い出すと思い出しやすくなることを見出した。この理論を「符号化特殊性理論」と呼ぶ。そして、さらに、覚えた内容をモザイク的に無関連にするのではなく、互いに関連づけることによって構造化するのである。知識の構造化には、辞書のようにあいうえお順に並べて保存する辞書的構造化と図書館のように内容別に保存するカテゴリー別構造化がある。これは、構造化の仕方が客観的であるので、客観的構造化と呼ばれる。このほか、構造化には主観的構造化があり、本人でしかわからない主観的な方法で構造化する方法である。例えば、覚えるべき単語を出てきた順に物語にして覚える場

図7-2　記憶のメカニズム

合などはこれにあたる。覚えるべき言葉が、しっかり構造化されていて思い出しやすければ、本人にとって使いやすい方法がよいと思われる。

三．知識を使う

記憶した知識は、使うために記憶しているわけである。知識を使う場合の例として、問題解決が挙げられる。問題が生じたときに、知識を使って解決をしてゆくのである。問題解決には、すでに解がどこかに存在していて、それを見つければ解けるという場合と、どこにも解は存在していないので、解を誰かが創らなければならない場合がある。

今度、屋久島にゆくことになった。どのようにすれば屋久島に行けるのかという問題が発生したとき、すでに行ったことのある人に尋ねれば、行き方がわかる。これに対して、金星で過ごすにはどうしたらよいかといった問題は、まだ誰も住んだことがないので、誰も解を知らない。よって、誰かが解を創らなければならない。問題解決における問題も、数学や物理学の問題のように、問題がはっきりしていて、解も一義的に決まるような問題もあれば、人生問題のように、問題が明確に定義できず、さらに、解も人によって異なるような問題もある。

問題はどのようなプロセスを経て解かれるのであろうか。これは、解がすでに存在する場合と解がまだ存在しない場合では異なる。人間行動を刺激と反応との関係から解明しようとする行動理論では、問題を刺激と考え、問題が与えられると、その刺激に最も結びつきの強い解が頭の中から選ばれると考える。そして、解がまだ存在しない創造的問題解決においては、「試行錯誤」によって解を創ってゆくと考える。いろいろと試してゆくうちに解ができてくるというわけである。この場合、特に、こうすれば解けるといった仮説検証的立場には立っていない。

仮説検証的立場に立つのが、ゲシュタルト心理学的方法である。その際に、視覚的思考が重要な役割を果たすと考える。頭で考えるだけでなく、問題を絵にして描いたり、実際の場面を眼で見ることによって視点の変更が生じ、問題解決がなされるのである。

そして、情報理論では、問題解決を問題空間内における経路探索と考える。現在の地点から目標までの経路を探してゆくのが問題解決と考える。一つの状態から次の状態へ移動するとき、心的オペレータが働く。この心的オペレータがどのように働くかによって、速く解に到達したり、なかなか解に到達できなかったりするわけである。すべての経路を体系的に一つ一つチェ

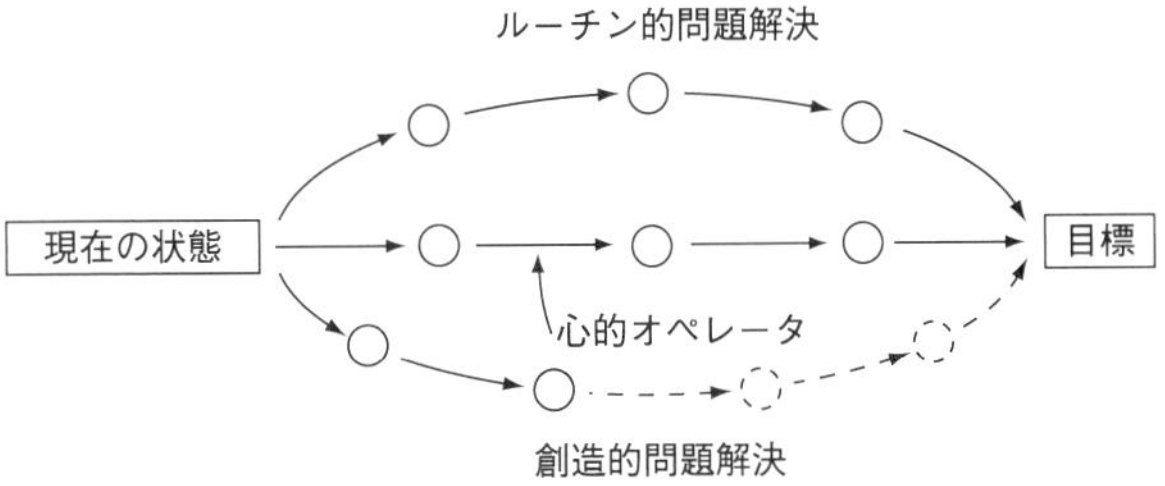

図 7-3　問題空間における経路探索

ックしてゆけば、解が存在する限り必ず解に到達する。しかし、この方法は、時間がかかるという欠点がある。逆に、できるだけ速く到達するために近道を探そうとすると、近道の探索が正しければよいが、間違ってしまうと解に到達できる保証がなくなってしまう。いずれの方法をとるべきなのか、心的オペレータの選択は難しい。

そこで重要なのが、シミュレーションである。実際にその経路を使う前に、使ったと仮定したとき、どのようなことが起こるのかを予測してみるわけである。予測がよいものから順に選んでゆけばよい。創造的問題解決の場合であれば、道は途中までしかないので、その後は、自分で創ってゆくことになる。道なき道を歩いてゆくときには、帰り道を考えながら歩いてゆくことである。そうでないと失敗をしたときに元に戻れなくなる。人生における重要な選択場面においても、一つの選択肢を選んだとき、それを選ぶとどうなるのか十分にシミュレーションすることは重要である。犯罪を犯すということは、元に戻る道を考えていない選択である。いざというときには元に戻れるという選択の仕方が最適のように思われる。

四．知識の固着

問題解決において、気をつけなくてはいけないことは、解き方を決めつけないということである。決めつけて解こうとすると、もっと簡単な方法があるにもかかわらず、難しい方法を選んでしまう場合もあるからだ。例えば、そのようなことは当たり前だと考えてしまうと、思わぬ発見も見落としてしまうかもしれない。りんごの木からりんごが落ちるのを見て、当たり前だと思ってしまうと、万有引力の法則は発見されないのである。光の速さは、無限の速さと決め込んでしまうと、相対性理論は生まれてこないのである。私には、この問題は解けない、と思い込んでしまうと解ける可能性を自分から捨ててしまうことになる。それは、解ける速さの問題であって、時間をかければ誰でも解ける問題もたくさんあるのである。そして、自分なりの解き方も存在するはずだ。解けないと決めつけてしまうことが、問題を解くチャンスを捨ててしまっているのである。

自分で解けなければ、人に聞けばよい。人が解けなければ、犬に聞けばよい。犬がいなければ、星に聞けばよい。すべてのものが何かの知識を持っている。後は、それをどう活用するかという問題である。犬は鼻が利くので、嗅覚を必要とする仕事は、犬にお願いする。麻薬捜査犬は、人より優秀なのである。何もない海で帰り道を探すのに、古代の人は星を利用するのである。犬も星も助けてくれるのである。誰も助けてくれないと思っているのは、その人だけである。森羅万象が助けてくれているのに気づかないだけなのである。

発想を転換する。これは、問題解決における大きな手がかりとなる。ネガティブからポジティブへの発想の転換、ポジティブからネガティブへの発想の転換、これが新しい解を生み出してくる。動物には言葉がわからないと思ってしまうと、動物のコミュニケーションは見えてこない。動物は動物なりに言葉を持っていると考えると、どのような言葉を持っているのだろうかという疑問が生まれ、次のステップへと進んでゆく。自分は無能だと思うと何もできなくなってしまう。自分にもできることがあると思うと、いろいろな可能性が見えてくる。何もできないと考えている人は、何もしていない人が多い。何かを始めると、自分にできることがたくさん見つかってくる。

自分の人生は真っ暗だ、死ぬしかないと思い、自殺を考える人は、本当に死ぬしかないのか。死ぬしかないと思っているのは、自分の頭だけであって、身体は、まだ生きられることを教えてくれている。身体が元気ならば、他の人に尽くせばよい。他の人のために生きる道を歩んでみればよい。そうすれば、新しいものが見えてくる。

病気が治らないので、死ぬしかないと考えている人がいる。本当に病気は治らないのか、誰がそんなことを知っているのか。医者は、現在の医学では、治らないといっているのかもしれない。医学以外で治る方法があるのかもしれない。がんを宣告され、死ぬまでの間にアルプスに登ろうと考え、アルプス登山をしたら、がんがいつの間にか治ってしまったという人もいる。自分の身体が持っている自然治癒力というすごい力がまだ残っている。身体が絶えても心を残すことはできる。自分の気持ちを本に書くということも新しい可能性を引き出してくれるであろう。

8 問題を解決する

一・答えを探す

人生においては、さまざまな問題と直面する。自分に降りかかった問題、自分の家族に降りかかった問題いろいろである。例えば、就職の問題、結婚の問題、家庭内暴力の問題、近隣との問題といろいろである。そのような問題にどのように対処すべきであるのかを考える。問題に直面したとき、それを解決するには、解を見つける必要がある。自分の知識の中に解がある場合もあれば、自分の知識の中にない場合もある。自分の知識の中になくても、誰か別の人の知識の中にはある場合、誰に聞いても解がわ

ナント，
カミガモトニ

からない場合に分けられる。

すでに述べたように、問題には、解がすでに存在している問題と解がまだ存在していない問題がある。解がすでに存在している問題は、解を探せばよいが、解がまだ存在していない問題は、解を作らなければならない。解がすでに存在する問題解決を「ルーチン的問題解決」と呼ぶ。これに対して解がまだ存在しない問題解決を「創造的問題解決」と呼ぶ。前者の解がある場合であれば、解を探してみればよい。自分がわからなければ、本で調べたり、専門家に聞いたりすればよい。調べてゆくうちに解に到達する。

人の歴史において、誰かがすでに同じような経験をしていることが多い。例えば、就職先を見つけるにはどうしたらよいかといった問題が生じれば、そのような問題に対する解を知っている人が存在している。大学であれば、就職部の相談員である。一般社会であれば、ハローワークの職員である。これらの人たちは、個人が持っている条件に合わせてそれに相当した解を見つけてくる。それを参考にして解を選べばよいことになる。テニスがうまくなるには、どうしたらよいか、これについても解を知っている人がいる。ほとんどすべての人生問題は、誰かが経験している。よって、解を知っている人を探せばよいことになる。

毎回問題が生じるたびに、人に尋ねるのも大変である。解を出せる方法を学んでおけば、二度目からは尋ねる必要もない。人生問題も解き方を学ぶことが重要である。一般的に人生問題における解は、絶対的に正しい解があるのかというと、解は一つではない可能性も、すべての人に共通する解があるという保証もない。ある人には大変よい解であっても他の人にとってはあまりよくない解かもしれない。数学や物理学の問題の解とは異なり、絶対的に正しい解はないのである。数学や物理学も実は絶対的な解はないのかもしれない。ある土俵の上に立てば、その土俵の上での解は存在しても、土俵が異なれば、解も異なってくるのである。例えば、ユークリッド幾何学の下では、三角形の内角の和は一八〇度であるが、非ユークリッド幾何学の下では、三角形の内角の和は一八〇より大きくなったり、小さくなったりするわけである。ましてや、いろいろな土俵のある人生問題空間においては、解は人の数だけあるのかもしれない。よって、今得られた解は、その時点では最適解であっても、何年か経つと、それはもはや最適解ではないかもしれない。

重工業が盛んな時代に人気のあった会社が、情報化が重要な時代にも人気があるとは限らないのである。ある人にとっては、よき結婚相手でも別の人にとっては、よき結婚相手ではないかもしれないのである。そのときは、よき結婚相手であっても、後にはよき結婚相手ではなかったという場合も存在するのである。人生における問題は、正しい解が見つけにくいので、解決が難しいが、その分面白くもあるわけである。人はとりあえず局所的な正解を得ているに過ぎないのである。また、気持ちのありようで、正解でなくても正解と思えばよい場合もあるのである。認知的不正解は、考え方次第で認知的正解に化ける。これは、人生問題解決において、大変重要なことだ。

二、答えを創る

生じた問題が、今までに経験したことのない問題の場合は、解を創る必要が出てくる。自分が解を創るか、他の人に解を創ってもらうかのいずれかである。適切な解が見つからないときは、すぐには解を示さずに様子をみるということは重要であろう。数学や物理学の問題と異なり、一つの解を提示すると、それに対してある種の行動が生起することになるからである。例えば、交際相手からプロポーズを受けたとき、それを願っていたとしても、まずは、そうすることによってどういうことが生じるのかを検討する必要がある。心のシミュレーションを行う必要があるのである。特に、解がまだ存在しないときは、それが重要である。整形手術などもこれにあたるかもしれない。整形後の自分の人生はどうなるのか、いろいろとシミュレーションをして、解を出すことが重要である。整形がうまくゆかなかったときは、どういう人生が待っているのか。うまくいったとき、それは今後どうなるのか、一生整形したものが維持できるのか等々である。

解がないときに解を作るのは、創造的問題解決である。創造的問題解決のときは、通常、解はすぐには見つからない。時間をかけてゆっくり見つけてゆくのが普通である。そして、解はある日、突然ひらめきとなって現れることもある。解を得るために必要ないろいろな情報を集めて、解が熟されて出てくるのを待つことになる。

三．解にともなう自己決断と自己責任

人生問題解決においては、一つの解を出すということは、一つの決断をすることになる。結婚という問題が起こり、相手のプロポーズを受け入れると、結婚の準備は次の段階へと進んでゆく。たまに結婚式当日になって花嫁の気持ちが変わってしまうというケースもある。あるいは、新婚旅行の帰りには、離婚話が持ち上がっていたりする。これは、プロポーズのときに本人にとって正しい解を出さなかったためにこのようなことが生じたのであろう。人生問題における解には、数学と異なり絶対的に正しい解は、ほとんどないといってよいかもしれない。解は、相対的解なのである。

ある人にとっては、最高の解であっても他の人にとっては、最低の解であるかもしれない。当事者が満足する解をとりあえずの解とするしかないのである。すなわち、人生問題における問題解決の解は、認知的解である。よって、ある時点において、最高の解は、別の時にはもはや最高の解ではなく、場合によっては、最低の解であることもありうる。結婚を一度承諾した花嫁が、結婚式当日に姿をくらましてしまうのは、あのときの最高の解が、結婚式の時点ではもはや最高の解ではなくなってきているのである。結婚するときは、最高の解であっても、時の経過とともに最高の解があやしくなり、最低の解に

なったりもするのである。

問題解決において重要なことは、問題に遭遇するたび、それはその人の心の成長にも関わってくるということである。問題が発生したら、本気になって問題に取り組むことによって、問題の解き方を学び、問題の発生を最小限にし、問題解決能力を養ってゆくのである。一生懸命考えるということは、心の成長のよい糧になるのである。

四．節約という解

人生における問題解決で難しい問題の一つは、金銭的問題である。自分の人生目標が決まってもいろいろな場面で経済的な問題が生じてくる。大学に入学するにしても、テニスを学ぼうとしても、どうしても最低限のお金が必要となる。これをどうしたらよいかという問題がつきまとう。経済的に恵まれていると、さまざまなことに挑戦できることは、確かである。自由なお金を使って最高のテニスコーチをつけて、徹底的に自分の能力を伸ばすという方法もすばらしい方法である。しかしながら、それとは反対に、できるだけお金をかけずに、人生目標を達成する道を考えるのも興味深い。例えば、書物であれば、図書館を徹底的に利用し、できるだけ書籍は買わないようにする。重要な箇所をコピーすることにとどめる。いうまでもなく、重要な情報は手元においておく必要がある。テニスコーチも毎回お願いするのではなく、月に一回お願いするというように回数を減らす方法をとる。コーチに教わっていないときには、それまでに習ったことを徹底的に復習する。インターネットやテレビを積極的に利用して情報を集める。

大学生のときは、奨学金をもらったり、借りたりする。社会的に問題のないローンであれば、効果的に利用すると面白い。実際の自分よりも多くのことに挑戦できることになる。お金を使うべきときには徹底的に使い、使う必要のないときには、徹底的に節約するという方略をとるのである。これはある意味で自分に投資をするということである。自分を最大限生かすために、上手にお金を使う方法を習得することである。就職すればお金は入ってくるので、それまでは倹約的な生き方をマスターするのも面白い。就職するまでは、貧乏を楽しむのである。これを通してお金がなくても生きていける方法がわかってくる。余計なものは捨て、重要なもののみ得る、取捨選択の訓練でもある。

お金をかけない生き方も一つの生き方であり、ここにも名人が存在する。節約名人の生き方を調べ、それを習得するのである。お金をかけて人生目標を達成するのは、高速道路を使って目的地に行くようなものである。そこに道がある限り、高速道路を使用しなくても目的地には到達できる。ただ、時間がかかるだけである。しかし、高速道路では得られない情報もたくさん得ることができるのである。重要なことは、現在の自分でできることを上手に達成してゆくことなのだ。これも一つの重要な人生目標なのである。現在自分の自由になるお金で最大限できることを考えてゆくことが重要なのである。

「遅れの神」という考えがある。よそ見をせずに、前だけを見て一生懸命生きてゆく生き方に対して、道端の花に眼を向けて止まりながら生きてゆく生き方、遅れることによって得られるものを知ることの楽しみも面白い。遅れることが、後に近道を発見することにもなる。人生に無駄はないのである。道草をすれば、道草をしただけの何かに出会うのである。特急列車に乗ることも一つの生き方、鈍行列車に乗ることも一つの生き方である。早く着いて、着いた先で何かに出会うか、ゆっくり行って、行く途中で何かに出会うか、何に出会うかは、出会うまでわからない。お金があれば、あるなりに何かに出会える。お金がなければないなりに何かに出会える。どちらも出会いが自分を創ってゆくのである。どちらがよい出会いかは、出会ってみないとわからない。

9 幸せを科学する

一・幸せという解を探す

幸せとは何だ。これは、幸せの定義に関する質問である。数学でいえば、三角形とは何だと聞いているようなものである。幸せとはこういうものだと答えることができるのか。何でも自分の思い通りになることが幸せだと考えると、何でも自分の思い通りになることはありえないので、誰も幸せにはなれないことになる。自分の欲求が満たされれば幸せだとすると、満たされるような欲求を抱けばよいことになる。簡単には手に入らないようなものが手に入ったときを幸せというのならば、頑張れば実現可能な

ワカサモ，
トリモドシ

欲求を抱けばよいことになる。すぐに手に入るものは、それほど幸せを感じないとすると、何でもすぐに手に入ると幸せではないということになる。思うようにならないものと思うようになるものがあって、思うようにならないものが思うようになると幸せを感じるのである。病気になったことのない人は、健康であることが幸せであると言わないかも知れない。しかし、そのような人が、いったん重い病気になると、健康であることが幸せであることに気づくのである。

そのように考えてみると、幸せも相対的なものである。認知的に決まるのである。自分が幸せだと認知すれば、幸せなのである。幸せは、自分の外にあるのではなく、自分の中にあるのである。自分で決めればよい。幸せという解は、人の数だけある。よって、日々それなりの欲求を持ち、それが満たされれば、幸せを感じるであろう。

不幸な人は、満たされない欲求を常に抱いているのではないのか。満たされない欲求を抱いても意味がない。それは満たされないのであるから。満たされそうな欲求を抱けばよいのである。それが幸せにつながる。欲求がなかなか満たされないものであるならば、その欲求にサブゴールを設け、満たされやすくすればよい。好きな人がいて、その人と結婚をしたいと願うとき、まずは、サブゴールを設け、その人と会話ができることに幸せを感じればよい。そして、次には、会話の数が増えてゆくことに幸せを感じればよい。幸せは少しずつでも手に入るのである。サブゴールを設定し、目標にできるだけ近づくことを考えればよい。最大限近づけた場所が、幸せの最高点なのであろう。それ以上求めると、幸せから遠ざかることになるかもしれない。

幸せの最高点は、その人が求める目標の方向によって異なるのである。苦手な方向だと幸せの最高点が低くなる。得意な方向の方が、幸せの最高点が高くなるのである。得意な方向でも限界がある。世界最速の短距離ランナーでさえも最高スピードには限界がある。どこかで満足せざるをえない。幸せの青い鳥を探す旅に出るのもよい。しかし、幸せの青い鳥は、わざわざ旅に出かけなくても近くにいるのである。近くを飛んでいるのである。眼で見ようとするから見えないのであって心で見ようとすれば見えるのである。

二. 心の居場所を探す

自分の存在感がないと、人は幸せを感じない。人は、身体的に存在するだけでなく、心的にも存在する必要がある。それが心の居場所である。心の居場所は、どこにあるのだろうか。どのように見つければよいのだろうか。心の居場所は至るところにある。ただ、心の居場所を手に入れるには、他人の存在を認めることが必要である。人が自分に心の居場所を与えてくれるのだから。自分が他人に心の居場所を与えないと他人も自分に心の居場所を与えないのである。家に帰っても自分の居場所がないと嘆く父親は、家族に心の居場所を与えてこなかったのであろう。学校に自分の居場所がないと嘆く児童は、他人に心の居場所を与えなかったのであろう。他人から心の居場所をもらっているだけで安住すると、心の居場所はだんだん狭くなるかもしれない。人に心の居場所を与えることが自分の心の居場所を広げる方法なのである。

どのようにすれば、人に心の居場所を与えることができるのだろうか。それは、他人の存在を認めることである。すなわち、他者受容である。他人の長所だけでなく、短所も受け入れることである。短所を否定することは難しい。その人からみて、短所であっても他の視点からみれば短所ではないかもしれない。長所かもしれないのである。同様に、その人からみれば、長所であっても他の人からみれば短所であるかもしれないのである。長所、短所も相対的、認知的なのである。あるがままの自分を受け入れるように、あるがままの他人も受け入れるところから始まる。

三．生きるということ

生きるということはどういうことなのだろうか。自殺をする人は、生きることがいやになったので、生きることを放棄したのである。何のために生きているのか、わからないのである。人は、何のために生きているのか、知っているのだろうか。死ぬ気になれば、いつでも死ねる。死ぬ気にならないだけなのであろうか。人が毎日出会う出来事を、快・不快・いずれでもない、の三つに分類するとき、不快なことが多すぎると、不快をなくす一つの方法として、死を選ぶのではないだろうか。不治の病にかかり、自殺をする人、対人関係がつらくて、自殺をしてしまう人。逆に、快が多いと、毎日が楽しくて仕方がないと、死のうなどとは考えもしない。明日が待ち遠しくて仕方がない。人は、種族保存のために生きているのだろうか。動物や植物は自殺をしないので、自殺は、人間の脳がさせているらしい。自殺ができるというのは人間だけである。自殺をするのもしないのも本人が決めることだ。

毎日が不快で、これ以上生きていても仕方がないから死を選ぶ。本当に毎日が不快なのだろうか。不快なことにのみ眼を向けすぎているということはないだろうか。快が存在していることに気づかないだけではないのだろうか。快を探そうとしていないのではないだろうか。毎日毎日いじめられていて、もう死にたいと思う人がいるかも知れない。逆に、自分をいじめる相手をいじめることはできないのだろうかと気がつくことはないのだろうか。「災い転じて福となす」ということわざがある。いじめられるという災いが、その人にボクシングを習うきっかけを与え、ボクシングの道を発見するということもありうるのである。

生きることはいろいろと可能性を見つけて、自分を試してみることであるというのも、生きることとの一つの解である。生きることとの解を自分なりに探してゆけば、面白い。いろいろなところに生きることとの解があることに気づく。

バーンの交流分析の理論の中に、「基本的構え」がある。自分はＯＫであるか、他人はＯＫであるか、これによって、四つの分類を行う。ＯＫとは、自分は生きることを保障されているという意味である。「自分はＯＫである」は、自己受容、「他人はＯＫである」は、他者受容であると考えてよいであろう。自己肯定他者肯定型が、正常な基本的構えであり、自分も他人も受け入れられる。自己肯定他者否定型は、自分は受け入れられるが、他人は受け入れられない。このような人は、自分の固い信念を他人に求めたがる。他人を攻撃したり、犯罪を犯したりする可能性もある。自己否定他者肯定型は、自分は受け入れられないが、他人は受け入れられる。神経症の人に多い。自己否定他者否定型は、自分も他人も受け入れられない。行き止まり型である。精神障害者や自殺者に多いと言われている。他人を受け入れられるということが、重要なのである。

　他人の持つどうしても受け入れられない部分を、どのようにしたら受け入れることができるのであろうか。うそをつく癖がある人も受け入れるのか、自分をだまそうとしている人も受け入れるのか、犯罪を犯した人も受け入れるのかと、いろいろと疑問点が出てくるであろう。うそをつく人、人をだまそうとする人、犯罪を犯した人、そのような人は、自我発達段階の途中にあ

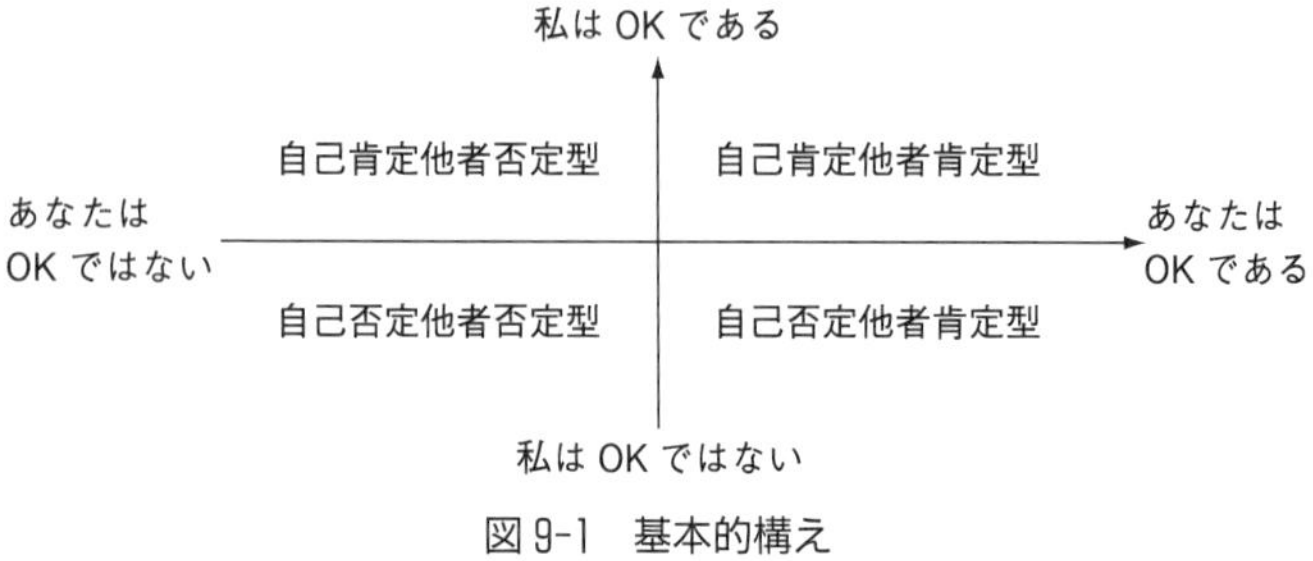

図 9-1　基本的構え

るのである。何とかして不安定な自分の心を守ろうとしているのである。その人は、なぜうそをつくのか、なぜだまそうとするのか、なぜ犯罪を犯してしまったのか、その背後にあるものを考えてみると、受け入れ方が少しずつ見えてくるだろう。基本的構えによれば、そのような人は他人を受け入れていないのである。他人に心の居場所を与えていないのである。そのようなことを気づかせてあげると、その人も変わってくる可能性がある。

生きるということも、他人から与えられていることである。自分だけでは生きられない。他人のおかげで生きられるのである。裕福になったということは、裕福になれるチャンスを他人から与えられたのである。他人を生かすということが、自分も生きるということにつながってゆく。生きるということは、他人を生かすことである。これも生きるとは何かという解の一つである。

四. 生き方の解を探す

人のために生きる。人のために何かを尽くす。これも一つの生き方である。生き方にもいろいろな解がある。自分勝手な人生を生きる。人のためよりも自分のために生きたい。これも一つの生き方の解である。どちらがいいのか、人はどちらを選ぶべきなのか。また、どうして、このようにまで生き方が異なるのか。これらは、全く異なった生き方なのであろうか。それとも、前者は後者の生き方の途中段階なのだろうか。それとも、両者常に人の心の中に共存している生き方なのだろうか。

マズローの欲求理論から考えれば、人のためよりも自分のために生きたいという生き方は、欠乏欲求に基づく生き方である。自分の中に足りないものがあって、それを外から得て、満たそうとするのである。お金で苦労したから、お金を得たい。自分の思い通りにならなかったから、自分の思い通りになる生き方にしたい。このような欠乏がそうさせているのかもしれない。自分のために生きられたら、その次には、どのような生き方を望むのだろうか。

マズローの欲求理論は、自分の中にあるものを外に放出したいという成長欲求が出てくると教える。人のために尽くしたいと思うのである。このように見てゆくと、自分のために生きたいという生き方は、人のために生きたいという生き方の途中段階であると考えることができる。究極の生き方は、一〇〇%人のために生きるという生き方となりそうである。このような生き方ができるのであろうか。マズローの欲求の最上階にある自己実現を果たした人は、この生き方ができるのであろうか。一生一〇〇%人のために生きるというのは難しいかもしれないが、今日一日は、一〇〇%人のために生きるという生き方は、できそうである。残りの人生を一〇〇%人のために生きるというのもできそうである。一時間でもよいから一〇〇%人のために生きるという生き方を選択してみると、新しい生き方が見えてくるだろう。

では、どのように人のために生きてゆけばよいのだろうか。自分が無理をせず、人のためにできることをすればよいのである。それは、自分の中にあるものを外に放出するという生き方なのであるから、他人に教えてみたいもの、他人に分けてあげたいものから始めればよいであろう。人のために生きることにおける、人のためとは何を意味するのか。その人の欲求を満たすためなのか、そうであるなら、どのような欲求を満たすために何をすればよいのであろうか。その人の心の成長のためのアレンジメントになるような奉仕が面白いかもしれない。心のための人生設計という視点からみれば。

10 これからの生き方を創る

一・自分らしさの追求

生き方は、固定されたものではなく、時代とともに変わってゆく。今までは個性というものがあまり重視されてこなかったが、今は個性が重視される時代である。他の人と同じ生き方をするというより、他の人とは少し違う生き方をしたいという人が増えてくるだろう。自分を出さずに社会に貢献するというより自分のよいところ、自分の中でより社会に貢献できるところをよりよく発揮するというのが、個性重視の生き方である。よって、自分が得意な分野を誰よりも優れたものにするために、磨いてゆくのである。そのためには、できるだけ早い段階で、人生において自分の目標を定め、自分の能力を磨いてゆく必要がある。

若くしてオリンピックで活躍する選手は、小学校に入る前からスポーツを始めている。それも遊びのレベルではなく、将来オリンピックに出場することを目指して、頑張っているのである。将来医者を目指す人、将来超一流の大学に入ることを目指す人も、小学生の頃から本格的に勉強を始めている。それは、早く始めれば始めるほど、準備が早く整うからである。能力が同じである限り、先手必勝である。

重要なことは、やみくもに頑張るのではなく、効果的に頑張ることである。そして、効果的に休むということである。無理をして、病気になったり、怪我をしたり、自殺をしても意味はないのである。自分に過度のストレスがかからないように、健康維持をしながら効果的に頑張るのである。ただし、頑張るのは勉強だけでなく、対人関係や自己コントロール能力などの将来の人生目標に必要なものすべてをしっかり準備しておく必要がある。

友達と一切話もせず、勉強だけをして、有名大学に入学しても面白くないであろう。友達が、仲間が、自分にチャンスを持ってきてくれるのだから、友達との交流は重要である。とかく、勉強だけを頑張る人がいる、あるいは、スポーツだけを頑張る人がいるが、後に必要となるものには、それなりに注意を向けておく必要がある。それが最適な生き方というものだ。

小さい頃から、自分の人生目標が決まっている人は少ない。ほとんどの場合、親が決めている。そして、親の敷いたレールの上を子どもはひたすら走っているだけなのである。これで、うまくゆけばまだよいのであるが、うまくゆかないとき、子どもの心に危機が生じることになる。子どもは青年期になると、悩み始めるのである。本当に自分がしたいことと、今自分がしていることのずれに悩み始めるのである。青年期は、これぞ本当の私という私を見つける時期であるので、このような悩みがよく生じる。そして、場合によっては親に反抗し始める。幸せな人生とは、自分の好きなことができる人生だと考えると、いやいや親にやらされる人生は、苦痛の人生である。よって、本来の自分の人生とは何かについて悩みはじめるのである。

このような危機を通して、人は、これぞ本来の私という私を探しだすことができる。よって、危機を迎えることは、悪いことではなく、人生の一つの重要な時期にやってきたのだと思えばよい。青年期は、自分探しの旅をする時期であるから、自分の可能性をいろいろ試してみるのがよいだろう。それが、自分の将来の職業を見つけるための訓練となるのである。自分らしい生き方は、自分で決め、自分で責任をとる、自己決定・自己責任の生き方である。

二. 達人になろう

ある特定の分野で達人になることは、面白い。身近にあるもので、人より優れているものは、徹底的に伸ばしてみよう。友達よりもサッカーがうまいと思ったら、もっともっと上手になるにはどうしたらよいか、考えてみよう。サッカーが上手な人に尋ねると、達人への道を教えてくれる。まずは、自分よりサッカーが上手な人と出会うことである。そして、さらに上手な人に出会うことである。上手な人がいるということは、上手になれる道が実際に存在しているという証明である。勉強でも同様である。自分が一番優秀であるよりも、自分より優秀な人が近くにいることによって、自分の能力は伸びるのである。自分より優秀な人と出会うと、劣等感を感じる人もいる。劣等感を感じるよりも、新しいモデルとの出会いとして、歓迎する方が効果的である。その人が、自分をさらに伸ばしてくれるのだから。

小学生は、小学生の勉強だけをすればよいと考える人がいる。小学生の勉強だけで他のことをする時間がとれなければ、そうした方がよいだろう。まずは、基礎を固めることが重要なのだから。しかし、基礎固めができている子どもは、中学生の勉強をするのも面白い。小学校のときに、中学校の知識をすべて学んでしまうと、いったいどんなことが起こるのだろうか。中学生になったときに、勉強するものがなくなり、遊んでしまうのではないかと思う人はいるだろうか。中学生の勉強が終えたら、次の高校生の勉強も終えてしまえばよいのである。そして、大学生の勉強も終えてしまえばよいのである。全科目をそのようにする必要はない。自分の最も得意とする科目だけでもよいのである。

小学生なのに、大学の数学が解ける。興味深いことである。大学の数学を理解しているとさらに面白い。スーパー小学生の誕生というものである。小学生の算数を整数論の立場から説明する小学生がいたら、興味深いことである。徹底的に頑張るということは、こういうことである。それは、ケーキ作りでもよいのである。誰よりも上手にケーキが作れる。プロよりもケーキ作りが上手だと、さらに興味深い。そのようになるのは無理と考えるより、そうできる道を探す方が面白いし、その方が自分を成長させてくれる。人を笑わせることが得意な人は、それをさらに磨いてみるのもよい。正しい道で学ぶと、笑いの研究へとつながってゆく。どうすれば笑えるかがわかってくる。笑うことは、心の健康にもつながる。笑うかどには福もくるだろう。何でも本気になって始めると、そこに研究の道ができてくる。誰も知らない新しい道ができてくるのである。

三. 新しい老後

定年退職後の人生を老後の人生としよう。老後はどのような人生がよいのであろうか。仕事についている間は、したいこともせず仕事に追われていた毎日なので、老後は、自分のしたいことをして生きていたいと思っている人も多いだろう。しかしながら、いままで老後にしたいことを全くしていなかった人にとって、突然したいことをしようと思ってもなかなかうまくいかない。老後を迎えるまでにしたいことをすでに始めてスムーズにできるようにしておく必要がある。

老後は、仕事から解放されるので、どうやって一日を過ごすかを自分で計画しなければならない。老後に再び職についてしまう人もいるようである。一生仕事を続けるのも一つの生き方であるが、老後は、今までと違う人生にするのも面白いであろう。今までしたいと思っていてできなかったことを実現するということはすばらしいことである。そのためには、その準備を始めておかなければならない。趣味で生きようとする人は、趣味ができる環境を設定しておく必要がある。老後に突然始めるのではなく、仕事についている間から少しずつ始めておくのがよい。

老後は、自分の人生を完成させる時期である。人間が最終的に目指すことは、自己表現である。自分なりの花を咲かせることである。人生をどのようにして終わらせたいかということを考えながら、老後の人生を送るのがよいであろう。どのようにして自分という個性を表現したらよいか、それを考える最後の時期なのである。

これからの老後は、今までの老後とは少し異なるかもしれない。今までの老後は、老人は老人として生きてきたが、これからの老後は、老人としてではなく、新たな人生を始める一人の現役の人間として生きてゆくのである。七〇歳の青年として再び挑戦するのも面白い。突然青年として生きてゆくことは難しいので、これも早い段階で準備をしておこう。例えば、新しい環境に適応できる力を身につけておかなければ、青年として生きることは難しいだろう。青年として生きるためには、新しいこともスムーズに取り入れる力がなくてはいけないからである。よって、老人になっても青年として生きられるということは、大変オシャレなことである。ぜひとも青年として生きてもらいたいものである。これからの老人は、六〇歳の青年、七〇歳の青年として生きるのが一番オシャレな生き方なのである。

老人の特権は、自由な時間が与えられるということである。この自由な時間をどのように使うかが、勝負のしどころというものである。お金がないなら、お金がないなりに自由な時間を効果的に過ごせばよい。図書館に朝から晩までいて、新しいことを学ぶのもよいだろう。面白い知識に出会ったら、メモをとればよい。それがたまってくると、いつの間にか達人になっている。図書館に行かなくても、テレビやラジオを利用しても、いろいろな知識を手に入れることができる。新しいことをしようと思ったら、カルチャースクールへ行くのもよいだろう。しかし、家にいてもテレビなどを通して、いろいろなことが学べるのである。また、近所に達人がいないか考えてみよう。達人は、いろいろなところにいる。その人との会話を楽しむのもよい。思わぬ知識が手に入ってくる。

四. 青年としての生き方に挑戦

老後はどうすれば若々しく生きることができるのだろうか。まずは、身体的に健康でいることである。そのためには、若い頃から健康に生きる生き方を体得しておく必要がある。そして、若い心を維持することである。新しいことに興味を持ち、新しいことに挑戦する気持ちを維持することである。青年の心を持ち、今までできなかった分野でもう一度花を咲かせてみることはすばらしいことである。七〇歳なのに、四〇歳くらいに見える人、四〇歳の人と同じ生き方ができる人、このような生き方が、老人としての新しい生き方の一つなのである。すべてのことが四〇歳になる必要もない。四〇歳になれるものだけ、そうなればよいのである。四〇歳の心を持つのは、とりあえず簡単そうである。四〇歳の身体を持つことの方が難しい。七〇歳になって、四〇歳の身体を維持するには、そのような準備をしておけばよい。そうすれば、不可能なことではないだろう。老人は、老人なりに、スーパー老人を目指すのが面白い。そうすれば、人生を二倍、三倍に生きれることにもつながる。

老後の恋愛は、どうなのであろうか。七〇歳になって、四〇歳の人と出会う。そして、恋愛に陥る、そのようなこともこれからは頻繁に起こるかもしれない。大いに面白いことである。特に、伴侶に先立たれてしまった人は、老後そのような出会いを必要とするかもしれない。そのような出会いは、今後受け入れられてゆくように思われる。今まで独身であった人が、老後に出会った人と結婚するのもよい。恋愛は若返りの秘薬であるだろう。心の健康にとっては、大いに勧めたいものである。

しかし、老後の恋愛にはトラブルがつきものである。トラブルを避けることは、楽しい老後の生き方には、大変重要なことである。トラブルの起こらない恋愛を考えることが必要である。それは達人のなせるわざで、恋愛の達人になればよいのである。老後の恋愛は難しいが、それは不可能ではない。正しい解を探しながら恋愛をすればよいのであろう。そうすれば、人生はさらに楽しくなるであろう。

11 人を育てる

ヒトノコトバニ,
ミミヲカタムケ

一・知的好奇心を刺激する

子どもはどのように育てたらよいのだろうか。若い母親にとっては、気になる問題である。甘やかして育ててはいけない、厳しく育てなくてはいけない。何を基準に甘やかすとか厳しくするかが決まるのであろうか。甘やかし過ぎて、自己中心的な子どもになり、社会でうまくやっていけない子どもになるかもしれない。しかし、厳しく育て過ぎて、何もしない子ども、親の顔色ばかりを伺う子ども、ストレスの高い子どもになってしまうかもしれない。子どもを育てる基準は、その子が将来自立できるように育てることである。子どもを育てるにあたり、いろいろな場面で選択しなければならない場合がやってくる。どちらを選べば、子どもが自立できるようになるのか、それを基準に考えればよいのである。無理をさせ過ぎて、子どもが病気になっても意味がない。できるだけ子どもが楽しみながら進める環境設定がよいと思われる。小さい頃から習い事をさせることもよいかもしれない。しかし、それは、子どもに負担にならないという前提の下で行えばよい。才能というのは、作られてゆくものであるので、才能作りのためには、子どもをできるだけ早くから鍛えなくてはならないかもしれない。

ここで重要なことは、子どもにそれを受け入れる準備ができているかということである。専門的には、これをレディネスと呼ぶが、レディネスができていない子どもは、与えられた課題をなかなか消化しにくいのである。まだ歩けない子どもに走ることを教えることはできないのである。しかしながら、走っている子どもを見せることはできる。これがレディネスを促進してゆく。レディネスができていない子どもには、それなりの方法で教えればよいのである。

子どもが負担を感じずに、楽しみながら体験できれば、子どもの成長にとって問題はないであろう。無理をさせること、子どもにとって負担が大き過ぎることは子どもに悪影響を与える可能性がある。言葉のわからない子どもに話かけても、子どもは意味がわからないから、話かけても仕方がないと思っている母親もいるかも知れない。しかしながら、話かけることによって、子どもは言葉を聴くことに慣れてきて、それが言葉の理解を促進してゆくのである。それが、子どもにとって理解しやすい簡単な言葉であるほど、効果的である。子どもは、楽しみながら育てればよいのである。子どもにとって遊びながら学べる環境が最適である。

子どもを育てるには、子どもをどのように動機づけるかが重要である。子どもになぜ勉強するのかと尋ねたとき、勉強が楽しいからだと答える動機づけを「内発的動機づけ」と呼ぶ。これに対して、お母さんに怒られるから勉強するとか、お小遣いがもらえるから勉強すると答える場合を「外発的動機づけ」と呼ぶ。内発的動機づけは、知的好奇心に基づく動機づけで、親が何も言わなくても自分で勝手に勉強を始める。勉強が面白いからである。勉強することそのものに興味があるのである。これに対して、外発的動機づけは、報酬や罰に基づく動機づけである。勉強すると、お小遣いがもらえる、勉強すると褒められるというように、勉強することによって、外から報酬がもらえる動機づけである。子どもを育てるのは、どちらの動機づけがよいのであろうか。

内発的動機づけは、子どもの自発性を高め、有能感を増してゆく。それに対して、外発的動機づけは、報酬をもらえなくなると、勉強をやめてしまう。教育学的観点からは、内発的動機づけの方が、子どもを動機づけるのによい方法と考えられる。しかしながら、子どもを内発的に動機づけることの方が、外発的に動機づけるより難しい。知的好奇心を刺激させることが内発的動機づけにとっては重要であるので、知的好奇心を刺激するような環境設定をする必要がある。知的好奇心をはぐくむには、子どもの能力よりも少し高めの課題、少し頑張れば解けそうな課題を準備する必要がある。これを繰り返すことによって、後は、子どもが自分から問題を発見し、解決するような環境設定をしてゆく必要がある。よって、教え方に慣れていないと、実行が難しい。それに対して、外発的動機づけは、お金や褒め言葉で動機づけられるので簡単である。そこで、子どもの行動がまだ始まらないときは、まず、お金や褒め言葉のような外発的動機づけによって、基本的行動を作り、徐々に内発的動機づけに変えてゆくという方法がよいであろう。

子どもを動機づけるためにお金をあげることと褒めることとどちらがよいのであろうか。報酬には、制御的側面と情報的側面の二つの側面がある。制御的側面は、その人の行動を報酬によってコントロールしようというものである。お金をあげるから、勉強しなさい、お使いに行ってきなさいというのは、お金によって行動をコントロールしているのである。これに対して、情報的側面は、その人が優秀であるという情報を与えることである。頭がよいと褒められることは、その人が優秀であるという情報を与えたことになる。お金のような物質的報酬は、一般的に制御的側面の方が情報的側面より大きい。それに対して、褒め言葉のような言語的報酬は、情報的側面の方が制御的側面より大きい。後者の方が、人は自立的に始めるのである。よって、内発的動機づけにつながるのである。すなわち、その人が優秀であるという有能感を育てるように動機づけると、内発的に動機づけられる。一生懸命褒めてあげればよいのである。それが子どものエネルギーになる。

アドラーは、子どもを育てるには、「勇気づけ」が必要であると説く。それは、まずは、あるがままの自分を受け入れること、次に、結果よりもプロセスを重視すること、そして、批判よりも建設的な意見を出すことである。できないことを考えるよりもできることから始める。そして、結果よりもどのようにしてそこまでたどり着いたのか、そのプロセスが重要である。そして、失敗したとき、失敗を責めるよりも成功する方法を教えるのが重要である。アドラーの心理学は、劣等感が人間行動の理解に重要であると考え、劣等感の克服のためには、勇気づけが必要であると説く。

バーンは、脚本分析の中で、子どもを育てるにあたり、親が子どもにどのようなメッセージを与えるかが重要であると考える。親から子どもへの抑制的なメッセージを禁止令と呼んでいるが、禁止令は、幼児期までに非言語的に、「～するな」というメッセージを与えることである。親が子どもを無視することは、子どもに「存在するな」というメッセージを与えていることになる。また、親が子どもをいつまでも赤ん坊扱いするのは、子どもに「成長するな」というメッセージを与えていることになる。このようなメッセージを子どもは受け取ると、自分は存在してはいけない、自分は成長してはいけないという気持ちを知らず知らずのうちに植えつけられてゆくのである。

児童期以降には、拮抗禁止令という促進的なメッセージが親から子どもに、言語的に与えられる。「～せよ」というメッセージである。「努力せよ」、「完全であれ」といったメッセージが拮抗禁止令のメッセージである。拮抗禁止令を受けると、子どもは、完全性を強迫的に目指し、失敗回避の傾向に陥ったりする。子どもは、失敗回避よりも、いろいろなことに挑戦して、失敗や成功の経験を積ませることが重要である。これらの経験を通して、自分でできそうなもの、できそうもないものがわかってくるのである。

子どもと同様に弟子を育てるときも同じである。内発的に動機づけられるように育てればよいのである。弟子は、ずっと自分の手足として働かせるだけの道具ではない。いつか自分の専門分野を受け継いで頑張ってくれるわけである。自立の準備ができるように育てるのがよい。弟子はいつか去ってゆく。そして、また、いつか自立した専門家として近くで活躍するのである。

二、創造的環境の設定

教育には、知識吸収型の教育と問題発見解決型の教育がある。知識吸収型の教育は、できるだけ効果的に教わったことを吸収するような教え方で、いわゆる秀才はこれが得意である。これに対して、問題発見・解決型は、教えられたことを鵜呑みにせずに、常に疑問を発しながら考えてゆくタイプである。なぜそうなるのかと自分が納得するまで質問してゆく。いわゆる天才型である。秀才型は、言われたことはしっかり行うが、言われないことはあまりしない。よい成績をとることに関係のないことには手を出さないのである。これに対して、天才型は、自分にとって興味のあることは、人に言われなくても自ら学んでゆく。成績にはあまり興味がない。自分がしたいことをしたいのである。どちらの教育がよいのであろうか。自分から学んでゆく子どもを望むなら、問題発見解決型の教育がよい。自分の興味よりも言われたことを完璧に学んでゆく子どもを育てたいならば、知識吸収型の教育がよい。最初から自分の勉強スタイルはできていないので、基本は、知識吸収型で学び、徐々に問題発見解決型に変えてゆくという方法もある。あるいは、両方の方法を同時並行で教えてゆく方法もある。学んでは考えさせる、これを繰り返すのが、同時並行型である。徹底的に知識吸収型で教えると、答えを探す子ども、答えが見つからないと、教えてくれるのを待つ子どもに成長するかもしれない。問題発見解決型は、いちいち考える時間を与えないといけないので、多くのことを教えようとすると、時間が足りなくなる。教育の目的によって、使う比率を変えるのがよいかもしれない。片方しか知らないのは、後の成長にとっては不十分であろう。

大脳は、右脳と左脳と脳幹に分かれる。右の脳は、感性脳と呼ばれ、時空間認識や感性情報を扱うのに対し、左脳は、論理脳と呼ばれ、言語・計算・論理を扱う。創造性などは、右脳が関連しているといわれている。そして、脳幹は、右脳と左脳をつなぐ橋であり、一般的に女性の方が男性よ

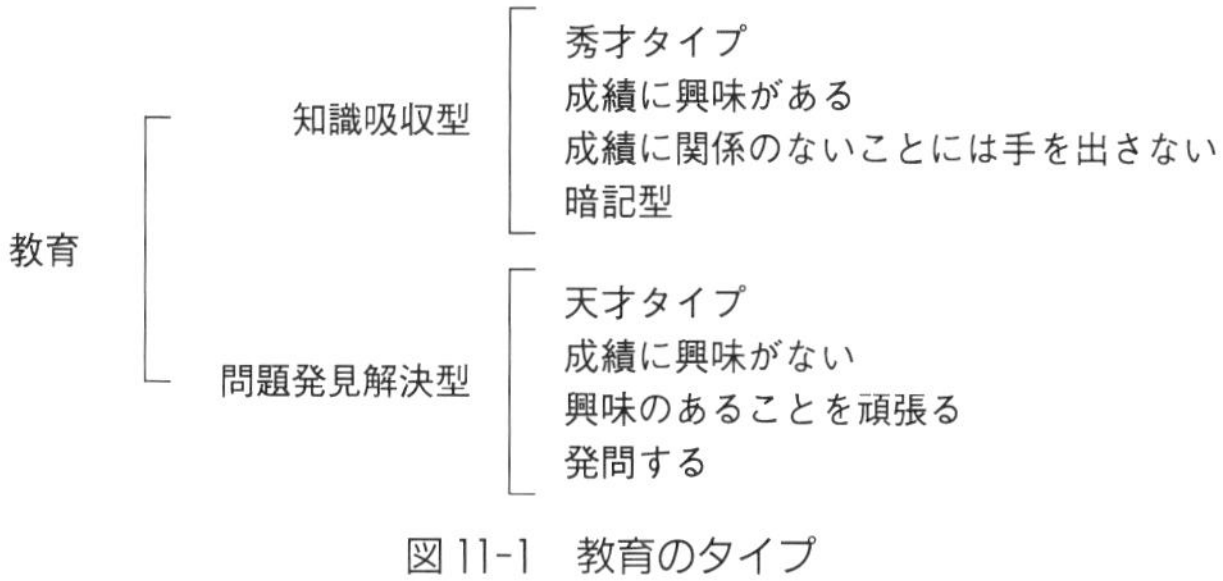

図 11-1　教育のタイプ

り太いといわれている。創造性豊かな子どもを育てるにはどうしたらよいのだろうか。右脳が創造性に関わるとするなら、感性を磨くことが創造性を育てることに関連してくる。本を読んだり、人から話を聞いたりして、知識を得るだけでなく、実際に見たり、実際に聞いたり、実際に触ったりすることによって、知識を得ることが重要なのである。言葉を通して得られた知識を言語知とするならば、感性をもとに得られた知識は、身体知である。言語知だけでなく、身体知によっても知識を吸収することである。

　創造性が高い人が、どのようにして創造性を発揮したのか、その創造性のプロセスをワラスは研究し、創造性には、四つの段階があることを見出した。第一段階は、「準備期」である。問題が発生し、その問題を解くために準備をする。電気自動車を作らなければならないとしたら、どうすれば電気自動車が作れるのかをまず調べなければならない。新しい商品を開発しようとしたら、人がどのようなものを必要としているのかを調べなければならない。問題を解くために必要な情報を徹底的に集めるのが、この「準備期」である。徹底的に情報を集めるのであるから、徹底的に情報を集める方法を知らなければならない。そこで、情報収集の方法が必要となる。

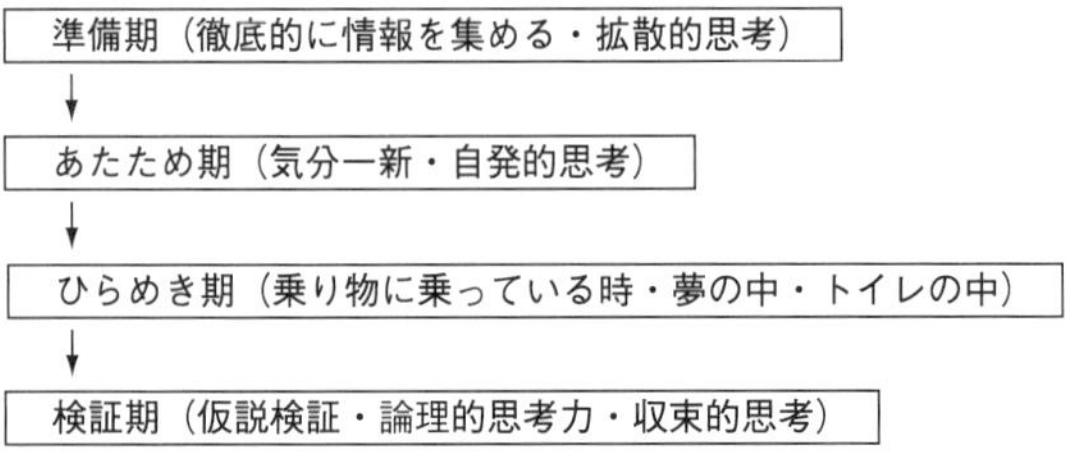

図 11-2　創造性のプロセス

第一章で学んだ情報収集の方法を思い出そう。創造性プロセスの第二段階は、「あたため期」である。問題解決で得た情報が、頭の中で熟成されて問題解決の準備をしてくれる時期である。このあたため期は、当該の問題解決をせずに、他のことに従事していることが多い。問題が解けずに、いったん問題から離れているのである。問題から離れることによる気分一新が問題解決の糸口を探してくれる場合もあるし、意図的には問題から離れているが、非意図的、すなわち、無意識には問題から離れずに問題を継続して解いている場合もある。この無意識の思考の自発性が問題解決につながることもある。

そして、創造性プロセスの第三段階である「ひらめき期」を迎える。問題解決は、突然なされる。アイデアは突然ひらめき、問題が解けるのである。乗り物に乗っているときや、夢の中や、トイレの中でよくひらめくと言われる。リラックスしているときが、ひらめきには重要なのである。

そして、第四段階の「検証期」では、そのひらめきが正しいひらめきであることを検証するのである。ここでは、仮説検証の力、論理的な能力を必要とする。

情報収集の際には、あれやこれやといろいろな角度から問題解決のための情報を集める。広く、浅い思考であるので、「拡散的思考」と呼ばれる。これに対して、検証期の思考は、特定の方向に思考を集中し、狭く深く掘り下げてゆく。これを「収束的思考」と呼ぶ。創造的問題解決のためには、拡散的思考と収束的思考の両方が必要なのである。

問題を解くにあたり、まず、解かしてみる。解けなければ、情報を集めさせる。そして、再び解かせる。すぐに答えを教えず、時間をかけて解かせる。そして、解けたときは、その解き方でよいのか、検証させる。このような訓練が、創造性開発の訓練となる。答えは教えるのでなく、探させるもの、創り出させるもの、これが創造性の訓練となるのである。

三. 知識の育成

学んだものは、覚えていないと意味がない。そして、使えないと意味がない。新しく学ぶ場合は、覚えることが多い。覚えるためには、メモを取ることが重要である。そのときは、覚えていてもすぐに忘れてしまうものである。メモの取り方をマスターすることも重要である。新しい内容が多いと、メモを取るのも大変である。メモを取るだけで時間が過ぎてしまう。重要な内容のキーポイントのみをメモしておいて、残りは、後で埋める。これが一つの方法である。速記などを学んで一字一句メモを取るという方法もあるが、多くの場合、一字一句正確にメモを取る必要はない。重要なポイントがメモされていればよいのである。効果的に学ぶには、新しい内容が少ない方が学びやすい。一〇〇%新しい内容であると、学ぶのも大変である。予習をすることによって、新しく学ぶ部分をできるだけ少なくすればよい。

教わる内容を教わる前にできるだけ手に入れることが重要となる。インターネットや書籍を通して、特に、専門用語には慣れておくと、理解しやすい。予習はどのような場合でも重要である。予習をする癖をつけることがよい。そして、復習は、理解を深める。キーポイントをメモした後、残りの部分を埋めればそれが復習にもなる。一石二鳥である。後で使うから学ぶわけであるから、後で使うときに使いやすいように整理整頓することが重要である。知識の構造化が最適である。復習は一回だけするのではなく、何度もするのがよい。学んですぐに復習する。そして、しばらくしてからまた復習する。そして、また、しばらくしてから復習する。暇があるとき、電車に乗っているとき、人を待っているとき、ほんの短い時間でも復習する。これによって、記憶が固定され、忘れなくなる。

知識は、後でそれをもとにして、自分が他の人に教えなければならないという前提の下でメモを取ると、効果的な構造化になる。どの部分の知識が足りないかに気づくからである。足りない部分は、本などを読んで埋めればよい。すると、さらに知識は構造化される。そして、学んだ知識は、早速使ってみればよい。これを「知識の育成」という。

四. 学び方を教える

勉強は、いつどのようにすれば効果的なのか。夜遅くまで勉強する人もいれば、朝早く起きて勉強する人もいる。夜遅くまで勉強していると、次の朝起きにくい。朝早く勉強していると、午後になると眠くなる。いずれを選ぶかは、どちらが自分にとって効果的であるかということである。また、忙しくて勉強する時間がないと思っている人もいるだろう。一生懸命スポーツに没頭しているために、どうしても勉強量が少なくなってしまう人、仕事をしているので、勉強をする時間がない人、いろいろである。

まずは、睡眠時間を六時間から八時間とる。寝ることは、基本である。身体の疲れを癒すだけでなく、記憶の固定にもつながる。また、睡眠が少ないと病気にもなりがちである。勉強時間は、二時間から四時間とる。睡眠八時間で勉強四時間とっても一二時間残っている。これをどのように使うか。

朝九時から夕方五時までの八時間は、学校や仕事で拘束される時間である。残りの四時間は、通勤や通学のための移動時間が含まれる。趣味のための時間、スポーツのための時間、人との交流のための時間を考えると、これらのための時間を作るために、勉強二時間、睡眠六時間に短縮して、四時間の余った時間を使うことになる。よって、勉強二時間、睡眠六時間をどれだけ効果的に使うかということが重要である。二時間の勉強で勉強四時間の効果を作る。六時間の睡眠で、八時間分の睡眠をとることになる。効果的な勉強法、深い睡眠が重要になる。あとは、これらの時間を毎日規則的にとるか、週単位でそれに匹敵する時間をとるかの問題である。

勉強には、集中学習と分散学習がある。集中的にできるときは、集中的に勉強し、残りは分散学習を行う。また、内容によって、集中的に勉強する方が効果的なもの、分散的に勉強する方が効果的なものがある。ルーチン的な勉強や仕事のように作業中心で、考えることが少ないような場合は、集中的に行えるが、新しい解を探す、アイデアを出すような勉強や仕事は、集中的に考えても何も出ないことが多い。むしろ、リラックスしているときの方がアイデアはよく浮かぶ。よって、アイデア発掘は分散的に、単純作業は集中的に行うのがよい。そうすると、一日の中で集中した時間にすることと、そうでないときにすることを最初に分類しておくと効果的である。空いた時間は何度もやってくる。人を待っている間、休憩時間等には、その時間内でできることを考えればよい。一日は二四時間であるということは、変えようもない。二四時間をどのように使うかしか方法は残っていない。

疲れたら休む、元気になったら再び始めるのが基本である。効果的な睡眠法とは何か。まず、眠いときに寝ておく。眠りが深くなるような環境設定をする。静かな場所で寝る、寝やすいベッドを手に入れる。眠れないときは、どうするのか。眠れないのは、眠れない理由がある。疲れていないとか、悩みごとを抱えているとか、コーヒーを飲んで頭を覚醒させてしまったとか、いろいろあるだろう。眠れない原因を除去することを考えることが必要である。休息を上手にとる達人になっておくと、便利である。時間のない人ほど、休息のとり方が上手である。例えば、うたたねは、大変深い睡眠を与えてくれる。時間のない人ほど勉強の仕方が上手である。時間の管理が上手なのである。時間のないときにすることと、時間のあるときにすることを決めているのである。

病気や怪我をしたら、それを治すことが先決である。健康なときにできる勉強、病気や怪我をしたときにできる勉強を分けておけばよい。例えば、病気や怪我ではベッドにいるのだから、ベッドで横になったままできる勉強をすればよい。今までのことを頭の中だけでメモをとらずに復習するといったことである。

するべきことを重要度によって分けておくことは重要である。締め切りが迫っているものは、後回しにはできない。重要度の高い順に終えることが重要である。また、できることとできそうなことをすることが重要である。特に、頑張ればできそうなことは、充実感があり、楽しい。できないことは人に任せる。任せざるをえない。どうしてもそれが興味のあるもの、自分の将来に必要なものであれば、近い将来自分でできるように準備をしておくしかない。

「シナジー効果」というのがある。要するに、一石二鳥を狙うのである。趣味と実益を兼ねれば、趣味がそのまま仕事になり、趣味の時間が増える、そして、仕事が楽しい。一日の中で自分ができる仕事量は、決まっている。それ以上の仕事が来ても終えることはできない。誰か他の人にお願いするしかない。自分だけではなく、他の人に頼めるものは、他の人にお願いするのも重要である。突然お願いしても、人はできない。前もって早くお願いすることが重要である。そして、お願いできる人を前もって準備しておくことも必要である。

そして、学び方にリズムを持つことも重要である。五〇分学んだら、一〇分休み、これを繰り返すという勉強と休憩のリズム、ホップ・ステップ・ジャンプという進み方のリズム、起承転結というリズム、これらのリズムを取り入れる。起承転結は、結論を出す前に、違う視点から問題を見ることを重視する。勉強ばかりしていた人が、スポーツや芸術を体験してみる、理科系の人が文系の内容を勉強してみる、集中して勉強したあと、すぐに結論を出すのではなく、一度休んでから、結論を出す、一度睡眠をとってから結論を出す、このようなことがより効果的な結論に導いてくれる。ホップ・ステップ・ジャンプは、勉強のペースを上げるのに役立つ。一時間勉強に集中できたら、次は二時間勉強に集中できることに挑戦する、そして、それができたら、今度はさらに、四時間勉強に集中できることに挑戦する。こうすることによって、自分の仕事や勉強のペースを上げてゆくのである。

12 心のオシャレ人生設計に挑戦

ミライニ,
メヲコラセ

一．生きてゆくということ

人は、なぜ生きてゆかないといけないのかと考えた人は多いだろう。人は、死を考えたとき、生きるとはどういうことなのかを考え始める。自分の人生なのだから、いつ死のうと自分で決めればよいと思うかも知れない。自分の存在感がないとき、人は生きていても仕方がないと思うかもしれない。自分の存在感がないということは、他人が自分の存在に気づかないということである。他人が自分の存在に気づくと存在感があるかというとそうでもない。誰かが自分を必要としている存在感が欲しいのである。

誰かが自分を必要としているということは、その人のために役立っているということである。よって、人のために生きるということは、自分に存在感を与え、なぜ生きてゆかなければならないかと考えることであるだろう。身体的な苦しみを受けたとき、もう死にたいと思うだろう。死は、身体的苦しみや心の苦しみから逃れたいときにそう感じるようである。

苦しみにも、ポジティブな苦しみとネガティブな苦しみがある。ポジティブな苦しみは、個人を成長させる苦しみである。それに対して、ネガティブな苦しみは、個人を破滅させる苦しみである。死を考える苦しみは、ネガティブな苦しみである。これは、死ぬこと以外この苦しみから逃れることができないと認知されている苦しみである。これに対して、ポジティブな苦しみは、これさえ乗り越えれば、自分を成長させることになる苦しみである。将来の夢の実現を目指した、日々の努力に伴う苦しみは、ポジティブな苦しみである。苦しみは、ともに認知的な問題であるので、個人が苦しみをどのように感じるかが重要である。

苦しみの原因が身体的なものであれば、その苦しみにひたすら耐えるか、あるいは、薬等を利用して和らげることになる。苦しみの原因が心理的なものであれば、その人がその苦しみとどのように向き合うかが重要となる。

苦しみがポジティブになるか、ネガティブになるかは、個人が苦しみを乗り越えることができるかどうかに依存する。乗り越えることができるような苦しみであれば、苦しみを乗り越えることによって、心の成長につながる。しかし、苦しみを乗り越えることができない場合、ネガティブな苦しみとなる。個人の力では乗り越えることができなければ、他の人の力を借りればよい。身体的な苦しみは、医者に相談し、心の苦しみは精神科医やカウンセラーに相談してみればよい。

不治の病にかかったり、死を宣告されてしまったとき、人はどのように生きてゆけばよいのであろうか。人には、いつか死が訪れることになる。その日までをどのように生きるかが重要である。人は、植物や動物と異なり、いろいろな生き方ができる。一度の人生においていろいろな花を咲かせる可能性を有しているのである。

いろいろな形で他人の役に立つ方法を考えてみてはどうだろうか。存在するだけでも人の役にも立ちうる。老人は、存在するだけで家族に楽しみを与えることができるのである。存在するだけで人の役に立つ存在、これこそ老人としての達人のわざである。しかし、それは難しいわざではなく、誰でもできるわざ、無為の心になればできるわざなのである。老人になっても無為の心を持つ課題があるのである。

二．死を迎えるということ

ものには寿命があるように、人にも寿命がある。人はいつか死を迎えることになる。死にたくないと思っても逃げ道はないようである。そうであるならば、できるだけ長く生きるという選択肢をとることは可能である。誰よりも長く生きてみようと考えても面白い。人は、ただ黙って死を迎えればよいのであろうか。考えてみれば、寿命があるのは身体であって、心には寿命はないのかもしれない。自分の考えを後世に残すということは可能である。これは、永久不滅である可能性もある。自分が得たものを他人に教えるということは、自分の知識を他人が受け継いでくれるということである。自分は、後世の人に何を伝えることができるのか。地球を大切にしなくてはいけないということか。友達は大切にしなくてはいけないということか。自分の人生目標と後世に伝えたいものは関係があるのか。いろいろと考えてみるのが面白い。自分には、後世に伝えるものがないと思っている人もいるだろう。しかし、皆、後世に何かを伝えているのである。それは、生産的な遺産であるかもしれないし、負の遺産であるかもしれない。

自分の先祖を思い出すことができるということは、先祖が自分に何かを伝えたということである。自分は後世に何を伝えたいのか、伝えたいことが正しく伝わるのかを考えてみるのはどうであろうか。自分がしてきたことを自分の頭に残すことから、他人の頭に残すことへの移行である。後世の人の心の中に自分の存在がある。強制的に残すのではなく、自然と残る有益な情報が大切である。死を迎えるということは、次の人へのバトンタッチなのである。次の人がバトンを落とさないようにしっかりと渡さないといけない。親から子へのバトンタッチ、師から弟子へのバトンタッチ、姑から嫁へのバトンタッチ、いろいろなバトンタッチがあるのである。

三. 人生設計を考える

人生設計は、何のためにするのだろうか。自分の家の庭に咲く花に水をあげた経験は、誰でもあるだろう。なぜ、花に水をあげるのだろうか。それは、花を枯らせたくないからである。花に立派な花を咲かせてもらいたいからである。そして、どんな花を咲かせるのか見たいからである。花に立派な花を咲かせてもらうには、水をあげなければいけない。立派な花を咲かせるには、肥料も必要である。よい肥料をあげればあげるほど、立派な花を咲かせる。ただ、花の場合、チューリップの花からは、チューリップしか咲かない。最初から咲く花は決まっているのである。しかし、人間の場合は、最初から咲く花は決まっていない。成長の過程で決まってくるのである。花でさえ立派な花を咲かせるには、水や肥料が必要なのである。人間ならばなおさらである。そして、人間の場合、どのような花を咲かせるかは、育て方で決まってしまう。

将来医者にするには、医者としての育て方がある。学者にするには、学者としての育て方がある。逆に、将来の花にあった育て方をすると、そのような花を人間は咲かせるのである。子どもにどのような花を咲かせるかは、親次第である。自分がどのような花を咲かせるかは、自分次第である。人間は、自分で自分を育てることができるのである。いろいろな花の育て方を知って、いろいろな花を咲かせるのは面白い。

チューリップの花には、チューリップの花を咲かせるのが、最も効果的であるというのが、アドラーの使用の心理学である。チューリップの花しか咲かないのであれば、それをできるだけ立派に咲かせることがすばらしいことである。しかし、人間の場合は、チューリップの花も、まだ、種の段階であると、育て方によって、バラやシャクヤクやユリの花も咲かせることができるのである。どうせならば、いろいろな花を咲かせてみたい。

人生設計は、将来どのような花を咲かせるのかをできるだけ早く決め、それにあった水や肥料を一生懸命与える計画なのである。水を与えなければ、チューリップの種も、チューリップの花を咲かせないかもしれない。肥料を与えなければ、他のチューリップより小さい花を咲かせるかもしれない。チューリップの花には、もって生まれた最大限大きな花を咲かせてもらうことが、人生設計の狙いである。ユリやシャクナゲの花も咲いたらもっとうれしい。立てばシャクヤク、座ればボタン、歩く姿はユリの花、一人三役も可能なのが人間なのである。立てば学者、座れば作家、歩く姿は芸能人という人生もきっと面白いだろう。そのような人がどこかにいたような気がする。

年齢が五〇歳を過ぎると、人は死が気になり始めるかもしれない。同じ年齢の人がそろそろ死を迎えることも関連するのだろう。自分はどのような最後を送るのだろうか。いつ、どこで、最後を迎えるのだろうか。自分が死んだ後、残された家族はどうなるのだろうかといろいろ考える。これは、いわば、死の人生設計である。生の人生設計がどのように生きるかの人生設計であるのに対し、死の人生設計は、どのようにして死を迎えるかの人生設計である。

自分が死んだ後、家族がもめるようなことがあれば、死んでも死に切れないかもしれない。そうすると、死の人生設計は、死の迎え方および死んだ後のことの両方を計画することとなる。死後が安心ならば、後はどのように死ぬかの問題だけである。死ぬまでの間意識不明になったとき、自分はどうするのか、そのようになったときの準備をしておく必要があるのか、あるいは、死ななくとも、老後、認知症になり、自分のことがわからなくなったとき、自分はどうするのか、そのようなことも死の人生設計に含まれるかもしれない。自分の身体だけでなく、自分の心が死んだとき自分はどうするか、それを考えておくのも死の人生設計である。死の人生設計で重要なことは、自分がいなくなった後、残された人が自分達の力だけで生きてゆけるように、自立の心を前もって育ててあげておくことである。人を育てるということは、死の人生設計の核なのである。

人生設計を考えるにあたり、死の人生設計も考慮に入れるべきであろうか。生を感じているときは、思いっきり生きる気持ちを大切にすべきであろう。自分が一番大きな花を咲かせた状況を思い浮かべながら生きてゆくのが、生の人生設計である。まずは、これが重要である。そして、人生後半は、人を育てることも考えてゆく。これが後のバトンタッチにつながってゆく。よい死の人生設計は、よいバトンタッチができることである。バトンは一つだけではない。いろいろなバトンがあることにも気づいておく必要がある。そして、次の人に渡すバトンは、お金よりもむしろ、自立した心なのである。

四．心のオシャレ人生設計とは何か

最適な人生設計とは、いうまでもなく、その人の能力を最大限伸ばしてゆく人生設計である。そのような人生設計は、どのようにすればよいのであろうか。自分の能力を最大限伸ばしてゆく人生設計は、他人にはできない。自分を一番よく知っている自分で設計することが重要なのである。そして、難しいのは、自分でも自分のことがわからないということである。自分にはどのような能力があるのか、皆わからないのである。あるいは、自分の能力に気がつかないのである。よって、人生設計は、見えない世界を歩く地図の作成である。一歩先は見えない世界の地図作成をすることになる。能力があるかどうかは、試してみるしかない。それも短い時間ではなく、例えば、五、六年というそれなりの時間が必要となる。それくらいかけなければ、自分に能力があるかどうか見抜けないのである。決断がつかないのである。実は、五、六年でも足りないかもしれない。一生かかってもわからない場合もあるであろう。人間には寿命があるので、限られた時間の中で自分の能力を試してゆくしかないのだから。

ただ、一歩先も見えなくとも、今まで歩いてきた道はよく見える。今まで歩いてきた道の中で、一番広い道が、一番歩きやすい道である。そして、長く続いていそうな道である。しかし、その道もいつかは消える運命にある道かもしれない。しかし、今まで歩いてきた道を調べれば、二番目、三番目に広い道、広くしておいた方がよい道、まだ開拓していない道、親が作った道、自分で作った道、といろいろな道に気づくに違いない。一番大切なのは、狭くてもよいから自分で作った道、その道を大切にすることである。そして、その道を広く長くすることを考えてみよう。

親が作った道は、広くて安心かもしれない。しかし、道が見えなくなったとき、自分で作った道ではないので、自分では探せないかもしれない。しかし、自分で作った道は、見えなくなっても、壊れてもすぐに元通りにできるし、新たに足すこともできる。また、自分で道を作った経験があると、また、新しい道を作ることもできる。道なきところに次々と道を作ってゆく。そうすれば、もっと広げたい道も出てくる。その道を広げてみればよい。

最適な人生設計とは、自分で道を作ること、自分で道を広げてゆくこと、自分で道を直してゆくこと、そのようにしながら作ってゆく人生設計なのである。人生設計は、最初から決めつけてもいけない。変わる可能性は大いにあるのだから。できるだけ柔軟な人生設計にすること。いつでも広げられる、いつでも直せる、いつでも元に戻れる人生設計、そして、自分で作った人生設計、心の声に基づく人生設計、そういう人生設計が気楽で、楽しい。未知の道なき道を、自分で開拓してゆくことが面白いのである。そして、そうすることが、人を成長させるのである。

人生設計の最終目標は、心の成長であって、お金を稼ぐことだけを目的とした人生設計ではない。そして、最後に自分の得たものを後世にも残すことを考えてみる。よいものは、自分がそうしなくても勝手に次の世代に伝えられてゆく。ただ、よいものでも、次の世代に伝えられないこともある。そのときはよいものでなくても、後によいものであると受け入れられるものもある。時代が変わってゆくと、よいものも変わってゆく。次の時代の人が、よいものを選ぶチャンスも残しておく必要もある。

最後に、心のオシャレ人生設計とは、オシャレな心を持った生き方をする人生設計である。オシャレな心は、オシャレな服よりもオシャレである。自分のことだけではなく、人のことも気にかけられるオシャレ、自分の中のいろいろな可能性を追求してゆけるオシャレ、いつまでも若い心と若い身体を持ったオシャレ、このようなオシャレが何よりもオシャレなのである。これからは、エイジレス社会の時代である。若い心と若い身体のオシャレをめざして、新しい時代に突入である。

おわりに

自分の能力を最大限に伸ばすには、やはりそのための計画が必要である。無計画にその場しのぎで生きてゆくと、自分を伸ばすチャンスも失ってしまう。人生設計は、人生の目標を目指して、自分の能力を最大限伸ばすための計画である。そのためには、人生モデルを探すこと、目標までの経路を探すこと、目標を目指して正しい努力をすることである。そして、決してあきらめないことである。目標に向かうまでのプロセスがその人の心を成長させるのであり、心の成長が人生設計の本質だからである。そして、心のオシャレ人生設計とは、心がオシャレになることである。人生目標を目指して、自分の能力を最大限伸ばし、若々しく生きてゆくのが、オシャレなのである。オシャレな服を着るよりも、オシャレな心を持つことが何よりもオシャレなのである。オシャレな心を持っていれば、他人への接し方もオシャレ、言葉遣いもオシャレ、服もその人に最も合ったオシャレな選び方ができるのである。

創造的人生には、オシャレがよく似合う。

参考文献

穐山貞登　一九七五　創造性　培風館
秋山さと子　一九八二　ユングの心理学　講談社
秋山さと子　一九八八　ユングの性格分析　講談社
アドラー、A著　岸見一郎訳　野田俊作監訳　一九九六　個人心理学講義　一光社
石井慎二編　一九七九　別冊宝島15　夢の本　インナースペース（内世界）への旅　JICC出版局
岩田誠監修　一九九九　図解雑学　脳のしくみ　ナツメ社
上田吉一　一九九一　人間の完成――マスロー心理学研究　誠信書房
ウォールマン、B・B著　杉浦一昭監訳　一九八五　知能心理学ハンドブック　第一編　田研出版
江川　亮　一九六八　知能と環境　児童心理、一三六―一四三頁
大平勝馬　一九六二　都市と農村児童の知能と国語学力に関する研究　教育心理学研究、10、一〇七―一一二頁
大貫敬一・佐々木正宏編著　一九八七　パーソナリティの心理学　福村出版
大山　正　一九八四　実験心理学　東京大学出版会
小此木啓吾　一九七九　モラトリアム人間の心理構造　中央公論社
小此木啓吾　一九九六　慶應SFC人間環境ライブラリー　8　メディアエイジの精神分析　日科技連出版社
恩田　彰　一九八〇　創造性開発の研究　恒星社厚生閣
鹿毛雅治　一九九四　内発的動機づけ研究の展望　教育心理学研究、42、三四五―三五九頁
桂　広介・園原太郎・波多野完治・山下俊郎・依田　新監修　岡本夏木・古沢頼雄・高野清純・波多野誼余夫・藤永　保編　一九六九　児童心理学講座　第5巻　知能と創造性　金子書房
上出弘之・伊藤隆二編　一九七二　知能――人間の知性とは何か　有斐閣

河合隼雄　一九六七　ユング心理学入門　培風館
河合隼雄　一九七七　無意識の構造　中公新書
河合隼雄　一九九二　対話する人間　潮出版社
河合隼雄　一九九七　対話する家族　潮出版社
木村　裕・大木幸介・堀　哲郎　一九九二　欲望・感情の脳　読売新聞社
小谷津孝明編　一九八二　現代基礎心理学4　記憶　東京大学出版会
桜井茂男　一九九〇　内発的動機づけのメカニズム　風間書房
シーゲル、I・E／コッキング、R・R共著　子安増生訳　一九七七　認知の発達　乳児期から青年期まで　サイエンス社
杉田峰康　一九八五　交流分析　内山喜久雄・高野清純監修　講座サイコセラピー　8　日本文化科学社
杉田峰康・国谷誠郎　一九八八　脚本分析　チーム医療
スチュアート、I／ジョインズ、V著　深沢道子監訳　一九九一　TA TODAY　実務教育出版
高田明和　一九九六　感情の生理学――こころをつくる仕組み　日経サイエンス社
高田利武・丹野義彦・渡辺孝憲　一九八七　自己形成の心理学　川島書店
高橋良幸・東江康治　一九六三　都市移住児童の知能の変動について　日本心理学会27回大会発表論文抄録
詫摩武俊編　一九七四　性格心理学　大日本図書
詫摩武俊編著　一九七八　性格の理論　誠信書房
詫摩武俊・瀧本孝雄・鈴木乙史・松井　豊　一九九〇　性格心理学への招待――自分を知り他者を理解するために　梅本堯夫・大山　正
　監修　新心理学ライブラリー　サイエンス社
鑪幹八郎　一九九〇　心の宇宙を探検する夢の心理学　山海堂
津留　宏　一九七〇　青年心理学　有斐閣双書
デシ、E・L著　安藤延男・石田梅男訳　一九八〇　内発的動機づけ――実験社会心理学的アプローチ　誠信書房
長島洋治監修　渡辺由貴子・渡辺　覚著　一九九八　図解雑学　ストレス　ナツメ社

二木宏明　一九八九　ブレインサイエンスシリーズ　4　脳と記憶——その心理学と生理学　共立出版
西平直喜・久世敏雄編　一九八八　青年心理学ハンドブック　福村出版
日本化学会編　一九九二　ストレスを科学する　大日本図書
日本創造学会編　一九八八　創造性研究と測定　共立出版
野口　薫編著　一九八六　心理学の基礎　北樹出版
野田俊作　一九九三　アドラー心理学トーキングセミナー　星雲社
野田俊作　一九九三　続アドラー心理学トーキングセミナー　星雲社
波多野完治監修　一九八四　ピアジェの発生的認識論　国土社
波多野誼余夫・稲垣佳世子　一九八一　無気力の心理学　中央公論社
速水敏彦　一九九五　内発と外発の間に位置する達成動機づけ　心理学評論、38、一七一—一九三頁
速水敏彦　一九九八　自己形成の心理——自律的動機づけ　金子書房
藤永　保・三宅和夫・山下栄一・依田　明・空井健三・伊沢秀而編　一九七八　乳幼児心理学テキストブック心理学（3）　有斐閣
フレージャー、R／ファディマン、J編著　一九九五　自己成長の基礎知識1——深層心理学　春秋社
別府真琴　一九九九　自分らしさの「タイプB」——病気になる性格・ならない性格　朝日ソノラマ
マスロー、A・H著　上田吉一訳　一九九一　完全なる人間——魂のめざすもの　誠信書房
宮城音弥　一九六〇　性格　岩波新書
宮田加久子　一九九一　無気力のメカニズム　その予防と克服のために　誠信書房
宮本美沙子　一九八一　やるきの心理学　創元社
無籐清子　一九七九　自我同一性地位面接の検討と大学生の自我同一性　教育心理学研究、27、一七八—一八七頁
八木　冕監修　一九七六　講座心理学9　知能　東京大学出版会
山内弘継　一九九四　達成動機づけとそれに関連した行動の分析　近代文藝社
山内光哉編著　一九八三　記憶と思考の発達心理学　金子書房

山田雄一　一九八六　適性と性格　詫摩武俊監修　鈴木乙史・清水弘司・松井　豊編　パッケージ性格の心理、一八四―一九九頁

湯川良三編　一九九三　新・児童心理学講座　第4巻　知的機能の発達　金子書房

ロッター、J・B／ホックレイク、D・J著　詫摩武俊・次郎丸睦子・佐山菫子訳　一九八〇　パーソナリティの心理学　新曜社

渡辺利夫　一九九八　自己表現としての理想的住環境――住まいが性格形成に与える影響　住宅・土地問題研究論文集、22、一六七―一八一頁

渡辺利夫　二〇〇三　心のライフデザイン――自分探しの旅へのマニュアル　ナカニシヤ出版

Belmont, J. M., & Butterfield, E. C.　1971　Learning strategies as determinants of memory performance. *Cognitive Psychology*, **2**, 411-420.

Berlyne, D. E.　1958　The Influence of the albedo and complexity of stimuli on visual fixation in the human infant. *British Journal of Psychology*, **49**, 315-318.

Collins, A. M., & Quillian, M. R.　1969　Retrieval time from semantic memory. *Journal of Verbal Learning and Verbal Behavior*, **8**, 240-247.

Craik, F. I. M., & Lockhart, R. S.　1972　Levels of processing: A framework for memory research. *Journal of Verbal Learning and Verbal Behavior*, **11**, 671-684.

Craik, F. I. M., & Tulving, E.　1975　Depth of processing and the retention of words in episodic memory. *Journal of Experimental Psychology: General*, **104**, 268-294.

Ebbinghaus, H.　1964　*Memory: A contribution to experimental psychology*. New York: Dover. (Originally published, 1885.)　H・エビングハウス著　宇津木　保訳　望月　衛閲　一九七八　記憶について　実験心理学への貢献　誠信書房

Getzeles, J. W., & Jackson, P. W.　1961　Family environment and cognitive style: A study of the sources of highly intelligent and of highly creative adolescents. *American Sociological Review*, **26**, 351-359.

Glanzer, M., & Cunitz, A. R.　1966　Two storage mechanisms in free recall. *Journal of Verbal Learning and Verbal Behavior*, **5**, 351-360.

Godden, D. R., & Badeley, A. D. 1975 Context-dependent memory in two natural environments: On land and underwater. *British Journal of Psychology*, **66**, 325-331.

Griffith, M. 1977 Effects of noncontingent success and failure on mood and performance. *Journal of Personality*, **45**, 442-457.

Guilford, J. P. 1956 The structure of intellect. *Psychological Bulletin*, **53**, 267-293.

Harlow, H. F. 1950 Learning and satiation of response in intrinsically motivated complex puzzle performance by monkeys. *Journal of Comparative and Physiological Psychology*, **43**, 289-294.

Harlow, H. F., & Mears, C. 1979 *The human model: Primate perspective*. V. H. Winston & Sons. 梶田正巳・酒井亮爾・中野靖彦訳 一九八五 ヒューマン・モデル 黎明書房

Hayamizu, T., & Yoshizaki, K. 1989 Cognitive motivational processes mediated by achievement goal tendencies. *Japanese Psychological Research*, **31**, 179-189.

Heron, W. 1961 Cognitive and physiological effects of perceptual isolation. In P. Solomon et al. (Eds.), *Sensory deprivation*. Cambridge, MA: Harvard University Press.

Hiroto, D. S. 1974 Locus of control and learned helplessness. *Journal of Experimental Psychology*, **102**, 187-193.

Holmes, T. H., & Rahe, R. H. 1967 The social readjustment rating scale. *Journal of Psychosomatic Research*, **11**, 213-218.

Lepper, M. R., Greene, D., & Nisbett, R. E. 1973 Undermining children's intrinsic interest with extrinsic rewards: A test of the "overjustification" hypothesis. *Journal of Personality and Social Psychology*, **28**, 129-137.

Marcia, J. E. 1966 Development and validation of ego identity status. *Journal of Personality and Social Psychology*, **3**, 551-558.

Mead, M. 1935 *Sex and temperament in three primitive societies*. New York: Morrow.

Murdock, B. B. Jr. 1961 The retention of individual items. *Journal of Experimental Psychology*, **62**, 618-625.

Murdock, B. B. Jr. 1962 The serial position effect of free recall. *Journal of Experimental Psychology*, **64**, 482-488.

Overmier, J. B., & Seligman, M. E. P. 1967 Effects of inescapable shock upon subsequent escape and avoidance responding. *Journal of Comparative and Physiological Psychology*, **63**, 28-33.

Radke, M. J. 1946 *The relation of parental authority to children's behavior and attitude.* University of Minnesota Press.

Reinöhl, F. 1937 Die Vererbung der geistigen Begabung. F. Lehmann. 大村清二訳 一九四二 性格の遺伝 肇書房

Rips, L. J., Shoben, E. J., & Smith, E. E. 1973 Semantic distance and the verification of semantic relations. *Journal of Verbal Learning and Verbal Behavior*, **12**, 1-20.

Rundus, D., & Atkinson, R. C. 1970 Rehearsal processes in free recall: A procedure for direct observation. *Journal of Verbal Learning and Verbal Behavior*, **9**, 99-105.

Spearman, C. 1904 "General intelligence," objectively determined and measured. *American Journal of Psychology*, **15**, 201-292.

Sternberg, R. J. (Eds.) 1982 *Handbook of human intelligence.* Cambridge University Press.

Symonds, P. M. 1937 *Psychology of parent-child relationships.* Prentice-Hall.

Thomson, D. M., & Tulving, E. 1970 Associative encoding and retrieval: Weak and strong cues. *Journal of Experimental Psychology*, **86**, 225-262.

Thurstone, L. L. 1938 Primary mental abilities. *Psychometric Monograph*, No. 1.

Weiner, B. 1980 *Human motivation.* Holt, Rinehart and Winston. 林 保・宮本美沙子監訳 一九八九 ヒューマンモチベーション——動機づけの心理学 金子書房

Weisberg, P. S., & Springer, K. J. 1967 Environmental factors in creative function. In R. L. Mooney, & T. A. Razik (Eds.), *Explorations in creativity.* New York: Harper. pp. 120-134.

Wessells, M. G. 1982 *Cognitive psychology.* Harper & Row.

Winer, B. 1986 *An attributional theory of motivation and emotion.* New York: Springer-Verlag.

Zeaman, P., & House, B. J. 1963 The role of attention in retardate discrimination learning. In Ellis, N. R. (Ed.), *Handbook of mental deficiency.* New York: McGraw-Hill.

Zechmeister, E. B., & Nyberg, S. E. 1982 *Human memory: An introduction to research and theory.* Brooks/Cole.

ま

や

ら

わ

た

な

は

索　引

著者略歴

渡辺利夫（わたなべ・としお）

1954年　東京に生まれる

1977年　同志社大学文学部文化学科心理学専攻卒業

1980年　慶應義塾大学大学院社会学研究科心理学専攻修士課程修了

1988年　カリフォルニア大学アーバイン校社会科学部認知科学科大学院博士課程修了（Ph.D.）

1990年　慶應義塾大学環境情報学部専任講師

2015年現在　慶應義塾大学環境情報学部教授

専門分野　空間の知覚と認知，ライフデザイン，数理モデル構成

ホームページ　http://web.sfc.keio.ac.jp/~watanabe

1億人のための心のオシャレ人生設計

心理学からのアドバイス

2009年4月20日　初版第1刷発行

2018年4月15日　初版第5刷発行

定価はカヴァーに表示してあります

著　者　渡辺利夫

発行者　中西　良

発行所　株式会社ナカニシヤ出版

〒606-8161　京都市左京区一乗寺木ノ本町15番地

Telephone 075-723-0111

Facsimile 075-723-0095

Website http://www.nakanishiya.co.jp/

Email iihon-ippai@nakanishiya.co.jp

郵便振替　01030-0-13128

装幀＝白沢　正／印刷・製本＝創栄図書印刷

Printed in Japan.

ISBN 978-4-7795-0366-5

大学生の勉強マニュアル

フクロウ大学へようこそ

中島祥好・上田和夫 著

何が面白いかは自分で見つけよ。日々の訓練を重ねよ。無駄に時間を過ごすな。フクロウ大学のリベル教授とロゴス准教授が熱く温かく新入生を迎える。大学生はもちろん、教育に携わる者必読！

◆1500 円

語学留学指南

知っておきたい語学留学の幻想と成功条件

本橋幸夫 著

留学したいけど、まずは何から始めればいいの？　語学学校の選び方や留学の心構えなど充実した留学生活に必須の知識を懇切丁寧に解説。

◆1400 円

キャリアを磨く学生のための生活百科

入学から就職まで

村井 雄・為田英一郎・神田秀一・河野 裕 著

現代の大学生に欠かせない新しい常識とは？　友人付き合いから礼儀作法まで、今日から実践できる具体的知識の数々。理想の自分を追求する全学生必携。

◆1600 円

文章作法入門

為田英一郎・吉田健正 著

「書く」ことを通じた自己表現のために。文章をつくる基本からレポート・卒業論文の構成までを丁寧に解説。

◆1600 円

※価格は本体表示です。